Vorbemerkung

J. M. G. Le Clézio wurde 1940 in Nizza geboren.

Neben Novellen wie der vorliegenden, zu denen der Leser über die Hauptpersonen und den klaren Handlungsablauf leicht Zugang findet, hat Le Clézio Romane von einem verhältnismäßig hohen Verschlüsselungsgrad geschrieben, in denen unsere technisierte Welt gleichzeitig als bedrohlich und faszinierend erscheint.

La grande vie erscheint aus mehreren Gründen schon für Jahrgangsstufe 11 geeignet. In dieser Jahrgangsstufe soll u. a. der Übergang von der Lehrbucharbeit zur Lektüre authentischer Texte geleistet werden. Dies erfordert Materialien, die einerseits nicht zu schwer sind, andererseits den Leser aber auch sprachlich weiterbringen. Außerdem sollte der Inhalt Redeanlässe bieten. Diese Bedingungen sind in der vorliegenden Novelle in einem günstigen Mischungsverhältnis erfüllt.

Der Originaltext selbst wurde nicht verändert. Lediglich die Einteilung in Sinnabschnitte (s. Zahlen links am Rand) ist ein didaktisch begründeter Zusatz. Die Abschnitte, deren Zahlen hervorgehoben sind (1, 3, 4, 6, 8, 10, 11, 14, 19, 21, 24, 28, 30) ergeben eine Kurzfassung, in der der Handlungszusammenhang jedoch erhalten bleibt. So hat der Leser die Wahl zwischen dieser Kurzfassung, dem vollständigen Text und Mittelwegen.

Die überschaubare Anordnung der Worterklärungen jeweils neben dem Text und die durchgängige Angabe auch der deutschen Bedeutung tragen erheblich zur Leseflüssigkeit bei. Die Lesezeit beträgt für die einzelnen Abschnitte 4 bis 8 Minuten, für die ganze Novelle zwischen 2½ bis 3 Stunden.

K. B.

1

Elles s'appellent Pouce et Poussy, enfin, c'est le petit nom qu'on leur a donné, depuis leur enfance, et pas beaucoup de gens savent qu'en réalité elles s'appellent Christèle et Christelle, de leur vrai nom. On les a appelées Pouce et Poussy parce qu'elles sont comme des sœurs jumelles, et pas très grandes. Pour dire vrai, elles sont même petites, assez petites. Et très brunes toutes les deux, avec un drôle de visage enfantin, et un bout de nez, et de beaux yeux noirs qui brillent. Elles ne sont pas belles, pas vraiment, parce qu'elles sont trop petites, et un peu trop minces aussi, avec de petits bras et des jambes longues, et des épaules carrées. Mais elles ont du charme, et tout le monde les aime bien, surtout quand elles se mettent à rire, un drôle de rire aigu qui résonne comme des grelots. Elles rient souvent, partout, dans l'autobus, dans la rue, dans les cafés, lorsqu'elles sont ensemble. Elles sont d'ailleurs presque toujours ensemble. Quand elles sont l'une sans l'autre (ça arrive, à cause des cours, ou bien quand il y en a une qui est malade), elles ne s'amusent plus. Elles deviennent tristes, on n'entend pas leur rire.

Il y en a qui disent que Pouce est plus grande que Poussy, ou que Poussy a un visage plus fin que Pouce. C'est possible.

Mais la vérité, c'est que c'est très difficile de les différencier, et sans doute personne n'aurait pu le faire, d'autant plus qu'elles s'habillent de la même façon, qu'elles marchent et parlent de la même façon, et qu'elles ont toutes les deux le même rire, dans le genre de grelots qu'on agite.

C'est probablement comme cela qu'elles ont eu l'idée de se lancer dans cette grande aventure. A l'époque, elles travaillaient toutes les deux dans un atelier de confection, où elles cousaient des poches et des boutonnières pour des pantalons qui portaient la marque Ohio, U.S.A. sur la poche arrière droite. Elles faisaient cela huit heures par jour et cinq jours par semaine, de neuf à cinq avec une interruption de vingt minutes pour manger debout devant leur machine. «C'est le bagne», disait Olga, une voisine. Mais elle ne parlait pas trop fort parce que c'était défendu de parler pendant le temps de travail. Celles qui parlaient, qui arrivaient en retard, ou qui se déplaçaient sans autorisation

5 (les frères) jumeaux, (les sœurs) jumelles	Les jumeaux sont nés le même jour de la même mère.	Zwillings-(-brüder, -schwestern)
9 mince	*contraire de* gros	schmal, schlank
10 les épaules *f.*		Schultern
12 aigu, aiguë	un couteau aigu; un bruit aigu	spitz; durchdringend, grell
13 résonner comme . . .	faire un bruit comme . . .	klingen wie . . .
le grelot		Schelle, Glöckchen
14 lorsque	quand	wenn
16 ça arrive	ça se passe	das kommt vor
à cause de	Je ne sors pas parce qu'il pleut. – Je ne sors pas à cause de la pluie.	wegen
17 devenir	*conjugaison comme* venir, p. ex.: Elle est devenue triste.	werden
21 différencier	distinguer	unterscheiden
22 le doute		Zweifel
sans doute	c'est sûr; *mais aussi:* probablement	ohne Zweifel; vermutlich
d'autant plus que		um so mehr als
25 agiter		schütteln
26 lancer	on lance un ballon, une boule	werfen
se lancer dans qch		sich in etw. hineinstürzen
27 à l'époque		damals
28 elles cousaient	*infinitif:* coudre	nähen
29 la boutonnière	le trou pour un bouton	Knopfloch
32 une interruption de vingt minutes	on s'arrête pendant vingt minutes	Unterbrechung
32 debout	*contraire de* assis	aufrecht, im Stehen
33 le bagne	sorte *f.* de prison	Zuchthaus, Strafkolonie

devaient payer une amende au patron, vingt francs, quelquefois trente, ou même cinquante. Il ne fallait pas qu'il y ait de temps mort. Les ouvrières s'arrêtaient à cinq heures de l'après-midi exactement, mais alors il fallait qu'elles rangent les outils, qu'elles nettoient les machines, et qu'elles apportent au fond de l'atelier toutes les chutes de toile ou les bouts de fil usés, pour les jeter à la poubelle. Alors, en fait, le travail ne finissait pas avant cinq heures et demie. «Personne ne reste», disait Olga. «Moi je suis là depuis deux ans, c'est parce que j'habite à côté. Mais je ne resterai pas une troisième année.»

2 Le patron, c'était un petit homme d'une quarantaine d'années, avec des cheveux gris, la taille épaisse et la chemise ouverte sur une poitrine velue. Il se croyait beau. «Tu vas voir, il te fera sûrement du gringue», avait dit Olga à chacune des jeunes filles. Et une autre fille avait ricané. «C'est un coureur ce type-là, c'est un salopard.» Pouce s'en fichait. Quand il était venu, la première fois, pendant le travail, les mains dans les poches, cambré dans son complet-veston d'acrylique beige, et qu'il s'était approché d'elles, les deux amies ne l'avaient même pas regardé. Et quand il leur avait parlé, au lieu de lui répondre, elles avaient ri de leur rire de grelots, toutes les deux ensemble, si fort que toutes les filles s'étaient arrêtées de travailler pour regarder ce qui se passait. Lui, avait rougi très fort, de colère ou de dépit, et il était parti si vite que les deux sœurs riaient encore après qu'il avait refermé la porte de l'atelier. «Il va vous chercher des crosses, il va essayer de vous faire chier», avait annoncé Olga. Mais il n'y avait pas eu de suite. Le contremaître, un nommé Philippi, avait seulement surveillé un peu plus la rangée où les deux sœurs travaillaient. Le patron, lui, à partir de là, avait évité d'approcher trop près d'elles. Elles avaient un rire vraiment un peu dévastateur.

3 A l'époque, Pouce et Poussy habitaient un petit deux pièces avec celle qu'elles appelaient maman Janine, mais qui était en réalité leur mère adoptive. A la mort de sa mère, Janine avait recueilli

1 une amende		Geldstrafe
2 le temps mort	le moment pendant lequel rien ne se passe	Leerlauf
4 ranger	mettre à sa place	(weg)räumen
un outil [uti]	instrument de travail	Werkzeug
6 les chutes de toile	restes de tissu	Stoffreste
les bouts de fil usés		Fadenreste
7 la poubelle	On y met les choses dont on n'a plus besoin.	Mülleimer
en fait	en réalité	in Wirklichkeit
12 la taille épaisse	gros	korpulent
13 velu, e		behaart (auf dem Körper)
14 faire du gringue à qn *pop.*	faire la cour à qn	jm den Hof machen
15 ricaner		grinsen, höhnisch lachen
un coureur	*ici:* quelqu'un qui court de femme en femme	Schürzenjäger
16 un salopard *pop.*	un type désagréable	fieser Typ
Elle s'en fichait. *fam.*	Cela lui était égal.	Es war ihr egal.
17 cambré, e		*hier:* mit hohlem Kreuz, sich in die Brust werfend
19 le complet-veston		Herrenanzug
l'acrylique *f.*	un tissu synthétique	Acryl(stoff)
beige	un brun très clair	sandfarben
s'approcher de qn	venir près de qn	sich jm nähern
23 rougir	devenir rouge	erröten
le dépit		Verärgerung
25 «Il va . . . faire chier.» *pop.*	Il va vous faire des difficultés, vous embêter.	Er wird versuchen, euch Schwierigkeiten zu machen, euch zu ärgern.
26 la suite	*ici:* la conséquence	Folge, Konsequenz
27 le contremaître	quelqu'un qui, dans une usine, p. ex., surveille les ouvriers	Vorarbeiter, Aufseher
28 la rangée		Reihe
29 éviter de f. qch	ne pas faire qch	vermeiden
30 dévastateur, dévastatrice	très dangereux	verheerend
31 un deux pièces	un appartement avec une cuisine, une salle de bains et deux autres pièces (salle de séjour, chambre à coucher, p. ex.)	Zweizimmerwohnung
33 recueillir chez soi	(je recueille – nous recueillons)	bei sich aufnehmen

Pouce chez elle, et peu de temps après, elle avait pris aussi Poussy, qui était à l'Assistance. Elle s'était occupée des deux fillettes parce qu'elles n'avaient personne d'autre au monde, et qu'elle-même n'était pas mariée et n'avait pas d'enfants. Elle travaillait comme caissière dans une Superette Cali et n'était pas mécontente de son sort. Son seul problème, c'étaient ces filles qui étaient unies comme deux sœurs, celles que dans tout l'immeuble, et même dans le quartier, on appelait les deux «terribles». Pendant les cinq ou six années qu'avait duré leur enfance, il ne s'était pas passé de jour qu'elles ne soient ensemble, et c'était la plupart du temps pour faire quelque bêtise, quelque farce. Elles sonnaient à toutes les portes, changeaient de place les noms sur les boîtes aux lettres, dessinaient à la craie sur les murs, fabriquaient de faux cafards en papier qu'elles glissaient sous les portes, ou dégonflaient les pneus des bicyclettes. Quand elles avaient eu seize ans, elles avaient été renvoyées de l'école, ensemble, parce qu'elles avaient jeté un œuf du haut de la galerie sur la tête du proviseur, et qu'elles avaient été prises, en plein conseil de classe, de leur fameux fou rire en forme de grelots, ce jour-là particulièrement inextinguible. Alors, maman Janine les avait placées dans une école de couture, où elles avaient, on se demandait comment, obtenu ensemble leur C.A.P. de mécaniciennes. Depuis, elles entraient régulièrement dans les ateliers, pour en sortir un mois ou deux plus tard, après avoir semé la pagaille et manqué faire brûler la baraque.

4 C'est comme cela que le jour de leurs dix-neuf ans, elles étaient encore dans l'atelier Ohio Made in U.S.A., à coudre des poches et à faire des boutonnières, pour le compte de Jacques Rossi, le patron. Quand elles étaient entrées là-dedans, Pouce avait promis à maman Janine d'être raisonnable, et de se comporter en honnête ouvrière et Poussy avait fait la même promesse. Mais quelques jours plus tard, l'atmosphère de bagne de l'atelier avait eu raison de leurs résolutions. Entre elles et Rossi, c'était la guerre. Les autres filles ne parlaient pas, et s'en allaient très vite dès que le travail était fini, parce qu'elles avaient un fiancé, qui venait les

2 l'Assistance *f.*	l'Assistance sociale	Sozialfürsorge
la fillette	petite fille	kleines, junges Mädchen
5 mécontent, e	*contraire de* content	unzufrieden
6 le sort	*ici:* la vie	Schicksal
7 un immeuble	un bâtiment avec plusieurs appartements	Wohnhaus, Mietshaus
11 la farce	faire une farce à qn	(jm einen) Streich (spielen)
13 faux, fausse	*contraire de* correct	falsch; *hier:* Nachbildungen von
le cafard		Küchenschabe
14 dégonfler un pneu	faire sortir l'air du pneu	die Luft herauslassen
16 elles avaient été renvoyées de l'école	elles ont dû quitter l'école	sie flogen von der Schule
17 le proviseur	il dirige un collège, un lycée	Schulleiter
18 le conseil de classe	l'ensemble *m.* des professeurs d'une classe qui discutent d'un problème	Klassenkonferenz
fou (fol, folle, fous, folles)	*contraire de* raisonnable	verrückt
19 inextinguible	*ici:* qu'on ne peut pas arrêter	nicht zu löschen (Feuer); *hier:* nicht zu unterdrücken
20 une école de couture	on y apprend à faire des vêtements	Fachschule für Schneiderei
21 obtenir	avoir qch après avoir fait un effort	bekommen, erlangen
22 C.A.P.	(le) Certificat d'aptitude professionnelle	Abschlusszeugnis einer Berufsfachschule
24 semer	(je sème – nous semons)	säen
la pagaille	le désordre	Durcheinander
semer la pagaille		alles durcheinanderbringen
manquer f. qch		etw. knapp (um ein Haar) verfehlen; fast
29 se comporter en honnête ouvrière	se comporter comme une honnête ouvrière doit le faire	sich wie eine anständige Arbeiterin benehmen
31 l'atmosphère *f.* . . . avait eu raison de . . .	l'atmosphère était plus forte que . . .	die Atmosphäre . . . war schließlich stärker als
32 la résolution		Beschluss; guter Vorsatz
la guerre	*contraire de* la paix	Krieg
34 le fiancé, la fiancée	la personne avec qui on va se marier	Verlobte(r)

chercher en voiture pour les amener danser. Pouce et Poussy, elles, n'avaient pas de fiancé. Elles n'aimaient pas trop se séparer, et quand elles sortaient avec des types, elles s'arrangeaient pour se retrouver et passer la soirée ensemble. Il n'y avait pas de garçon qui résiste à cela. Pouce et Poussy s'en fichaient. Elles allaient ensemble au Café-Bar-Tabacs du coin de la rue, à côté de l'Atelier, et elles buvaient de la bière en fumant des cigarettes brunes, et en se racontant des tas d'histoires entrecoupées de leur rire en cascades.

Elles racontaient toujours la même histoire, une histoire sans fin qui les entraînait loin de l'Atelier, avec ses barres de néon, son toit de tôle ondulée, ses fenêtres grillagées, le bruit assourdissant de toutes les machines en train de coudre inlassablement les mêmes poches, les mêmes boutonnières, les mêmes étiquettes Ohio Made in U.S.A. Elles s'en allaient déjà, elles partaient pour la grande aventure, à travers le monde, dans les pays qu'on voit au cinéma: l'Inde, Bali, la Californie, les îles Fidji, l'Amazonie, Casablanca. Ou bien dans les grandes villes où il y a des monuments magiques, des hôtels fabuleux avec des jardins sur le toit, des jets d'eau, et même des piscines avec des vagues, comme sur la mer: New York, Rome, Munich, Mexico, Marrakech, Rio de Janeiro. C'était Pouce qui racontait le mieux l'histoire sans fin, parce qu'elle avait lu tout cela dans des livres et dans des journaux. Elle savait tout sur ces villes, sur ces pays: la température en hiver et en été, la saison des pluies, les spécialités de la cuisine, les curiosités, les mœurs des habitants. Ce qu'elle ne savait pas, elle l'inventait, et c'était encore plus extraordinaire.

5 Poussy l'écoutait, et elle ajoutait des détails, ou bien elle faisait des objections, comme si elle corrigeait des souvenirs, rectifiait des inexactitudes, ou bien ramenait au réel des faits exagérés. Elles racontaient l'histoire sans fin partout, n'importe quand, à midi au moment de la pause, ou bien le matin de bonne heure, en attendant l'autobus qui les menait à l'atelier. Quelquefois les gens écoutaient, un peu étonnées, et ils haussaient les épaules. François, le petit ami de Pouce, essayait de placer une blague,

2	se séparer	se quitter	sich trennen
5	résister		widerstehen, aushalten
	. . . qui résiste à cela	qui accepte cela tout le temps	. . . der das auf die Dauer aushält
	Elles s'en fichent. *fam.*	cela leur est égal	Das ist ihnen egal.
8	un tas		Haufen
	des tas (de) *fam.*	beaucoup de	viele
11	entraîner		mitziehen, wegziehen
	la barre		Stab
	la barre de néon		Neonröhre
12	la tôle ondulée		Wellblech
	grillagé, e		vergittert
	un bruit assourdissant	un bruit très fort et qui fait mal	ohrenbetäubend
13	inlassablement	*de l'adjectif* las, lasse: fatigué	unermüdlich
19	fabuleux, se	fantastique	märchenhaft, „sagenhaft“
	le jet d'eau		Springbrunnen
26	les mœurs *f.*	les habitudes *f.*, les coutumes *f.*	Sitten, Gebräuche
29	une objection	faire des objections: contredire, ne pas être d'accord	Einwand
	rectifier	corriger	richtigstellen
30	exagérer	(j'exagère – nous exagérons)	übertreiben
34	étonné, e	surpris	überrascht
	hausser les épaules *f.*	lever les épaules	die Schultern zucken
35	une blague		Witz, witzige Bemerkung

mais au bout d'un instant, il s'en allait, excédé. Mais Poussy aimait bien quand Marc venait s'asseoir avec elles au Café-Bar-Tabacs, parce qu'il jouait très bien le jeu. Il racontait des choses invraisemblables, quand il avait voyagé dans le Trans Europ Express, la nuit, sans ticket, ou bien quand il avait habité plusieurs jours dans la Maison de la Radio, en mangeant avec les appariteurs, et en téléphonant à ses amis dans les bureaux inoccupés. Mais, lui, ce qu'il racontait, était peut-être vrai, ça se voyait dans ses yeux qui brillaient, et Poussy aimait bien l'écouter parler. Marc n'était pas son petit ami, il était fiancé à une fille très belle mais un peu bête qui s'appelait Nicole, mais que les autres avaient surnommée Minnie, on ne savait pas bien pourquoi.

6 C'est comme cela qu'elles ont commencé à parler de la grande vie. Au début, elles en ont parlé, sans y prendre garde, comme elles avaient parlé des autres voyages qu'elles feraient, en Equateur, ou bien sur le Nil. C'était un jeu, simplement, pour rêver, pour oublier le bagne de l'atelier et toutes les histoires, avec les autres filles, et avec le patron Rossi. Et puis, peu à peu, ça a pris corps, et elles ont commencé à parler pour de vrai, comme si c'était quelque chose de sûr. Il fallait qu'elles partent, elles n'en pouvaient plus. Pouce et Poussy ne pensaient plus à rien d'autre. Si elles attendaient, elles deviendraient comme les autres, vieilles et tout aigries, et de toute façon, elles n'auraient jamais d'argent. Et puis, à supposer que le patron Rossi ne les mette pas à la porte, elles savaient bien qu'elles ne tiendraient plus très longtemps maintenant.

Alors, un jour, elles sont parties. C'était la fin du mois de mars, et il pleuvait sur la ville, toute grise et sale, il pleuvait une petite pluie froide qui mouillait tout, même les cheveux, même les pieds dans les bottes, même les draps de lit.

Au lieu d'aller à l'atelier, les deux filles se sont retrouvées devant la grande gare, à l'abri de l'auvent, avec un seul billet de train aller première classe pour Monte-Carlo. Elles auraient bien voulu aller à Rome, ou à Venise, pour commencer, mais elles n'avaient pas

1 (il est) excédé	il en a assez, il est fatigué et mécontent	entnervt, „erledigt"
4 invraisemblable	incroyable	unwahrscheinlich
7 un appariteur	un petit employé	Gehilfe, „Mädchen für alles"
16 rêver		träumen
le rêve	les images qu'on voit en dormant	Traum
18 ça a pris corps	c'est devenu plus précis, réel, concret	das hat Gestalt angenommen
20 elles n'en pouvaient plus	elles ne pouvaient plus supporter leur situation	sie hielten es nicht mehr aus
23 aigri, e	mécontent et malheureux	verbittert
24 à supposer que	si	vorausgesetzt, dass
29 mouiller	Après la pluie, la rue est mouillée.	nass machen, durchfeuchten
30 la botte	sorte de chaussure	Stiefel
le drap		Tuch, Bettlaken
32 à l'abri de l'auvent	sous le toit de l'entrée	im Schutze des Vordaches

assez d'argent. Le billet de première classe pour Monte-Carlo avait déjà mangé la plus grande partie de leurs économies.

7 Pour maman Janine, elles avaient préparé une carte postale, sur laquelle il y avait écrit: Nous partons en vacances. Ne t'inquiète pas. Baisers. Et ensemble, en riant, elles ont mis la carte postale dans la boîte aux lettres.
Quand elles se sont retrouvées dans le beau train, assises sur les banquettes neuves recouvertes de feutre gris, avec le tapis bleu marine sous leurs pieds, leur cœur battait très vite, plus vite qu'il n'avait jamais battu. Alors le train s'est ébranlé, a commencé à rouler à travers la banlieue laide, puis à toute vitesse le long des talus. Pouce et Poussy s'étaient installées tout contre la vitre, et elles regardaient le paysage tant qu'elles pouvaient, au point qu'elles en oubliaient de parler, ou de rire. C'était bien de partir, enfin, comme ça, sans savoir ce qui se passerait, sans même savoir si on reviendrait. Elles n'avaient pas pris de bagages, pour ne pas effrayer maman Janine, juste un sac de voyage avec quelques affaires, sans rien pour manger ou pour boire. Jusqu'à Monte-Carlo, le voyage était long, et elles n'avaient plus beaucoup d'argent. Mais c'est à peine si l'une d'elles ressentait, de temps à autre, une légère inquiétude. De toute façon, cela faisait partie du plaisir. Pouce regardait Poussy, de temps en temps à la dérobée, et elle se sentait aussitôt rassurée. Poussy, elle, ne quittait pas des yeux le paysage vert qui défilait à l'envers, sillonné de gouttes écrasées par le vent du train.

8 Il faisait chaud dans le compartiment, et le bruit des trolleys sur les rails résonnait régulièrement dans leur tête, alors Pouce s'est endormie, pendant que sa sœur faisait le guet. Après Dijon, il fallait faire attention aux contrôleurs, et Poussy a réveillé Pouce. Leur plan était simple: elles devaient se séparer chacune dans un wagon. La première qui verrait le contrôleur prendrait le billet, puis le rapporterait à l'autre, et elles se feraient passer ainsi l'une pour l'autre. Le contrôleur était un jeune homme avec une petite

2	les économies *f.*	l'argent qu'on met de côté pour le dépenser plus tard	Ersparnisse
4	s'inquiéter	se faire des soucis, ne pas être tranquille	sich beunruhigen, sich Sorgen machen
5	le baiser	donner un baiser: embrasser	Kuss
8	le feutre		Filz
10	s'ébranler	se mettre en marche	sich in Bewegung setzen
11	laid, e	*contraire de* beau	hässlich
12	le talus		Böschung
13	le paysage	les champs *m.*, les forêts *f.*, les montagnes *f.*, etc.	Landschaft
17	effrayer qn	faire peur à qn	jn erschrecken
20	à peine	presque pas	kaum
	ressentir	avoir un sentiment	empfinden
21	une inquiétude	*voir plus haut:* s'inquiéter	Unruhe, Besorgnis
22	à la dérobée	pas directement	verstohlen
23	rassuré, e	de nouveau tranquille, sûr	beruhigt
24	à l'envers		rückwärts (sie sitzt gegen die Fahrtrichtung), umgekehrt
	le sillon		Furche
	la goutte	un tout petit peu d'eau	Tropfen
25	écraser		zerdrücken
	silloné … train		(Die Landschaft hinter dem Abteilfenster wirkt wie von Ketten aus Wassertröpfchen überzogen – wie ein gefurchtes Feld.)
26	le trolley	l'instrument par lequel l'électricité passe dans le moteur de la locomotive	Stromabnehmer
28	faire le guet	faire attention	Wache halten
32	se faire passer pour un autre	dire qu'on est un autre	sich für einen anderen ausgeben

moustache, et il a regardé davantage la poitrine de Pouce que son billet. Quand il l'a revue, un peu plus loin, il lui a dit simplement: «Vous êtes mieux ici?» A partir de là, Pouce et Poussy ont compris qu'elles voyageraient tranquilles.
Le train a roulé tout le jour, puis, quand la nuit est tombée, Pouce et Poussy ont vu la mer Méditerranée pour la première fois, les grandes flaques couleur de métal dans l'échancrure des montagnes noires.
«C'est beau!» disait Pouce.

9 Poussy respirait l'air froid qui soufflait par la vitre entrouverte.
«Regarde, des usines.»
Les grandes cheminées crachaient des flammes dans la lueur du crépuscule. C'était comme si la mer alimentait ces feux.
«C'est beau!» disait Pouce. «Je voudrais aller là!» Elle pensait qu'elle pourrait marcher au bord du lac d'acier, entre les tanks et les cheminées. C'était la solitude au bord de la mer. Le ciel était absolument pur, couleur d'eau et de feu.
Après Marseille, le train s'est enfoncé dans la nuit. Tout éclairé de lumières, les glaces fermées de reflets. Pouce et Poussy avaient faim, et soif, et sommeil. Elles ont tiré les rideaux du compartiment, et elles se sont allongées sur les banquettes. Elles ont eu peur quand le contrôleur a ouvert la porte. Mais ce n'était pas le même et il a seulement demandé:
«On vous a déjà contrôlées?»
Et il est reparti sans écouter la réponse.
Tard dans la nuit, le train s'est immobilisé dans la gare de Nice, et les deux jeunes filles ont baissé la vitre pour regarder au-dehors, l'immense voûte de fer forgé sous laquelle se hâtaient les voyageurs frileux. Le vent froid soufflait dans la gare, et Pouce et Poussy étaient très pâles de fatigue; elles grelottaient.
Puis le train est reparti, plus lentement. A chaque gare, elles croyaient que ça y était, et elles se penchaient au-dehors pour lire les noms: Beaulieu, Cap d'Ail.
Enfin le train s'est arrêté à Monte-Carlo, et elles sont descendues sur le quai. Il était tard, dix heures passées. Les gens les

1 davantage	plus	mehr
la poitrine		Brust
à partir de (là)	depuis	von . . . ab
7 la flaque	de l'eau sur le sol	Pfütze
une échancrure		Einschnitt
10 respirer	faire entrer et sortir l'air dans les poumons	atmen
12 la cheminée		Schornstein, Schlot
cracher	faire sortir (de la bouche)	ausspeien
13 le crépuscule	le moment entre le jour et la nuit	Dämmerung
alimenter	donner à manger, nourrir	speisen, nähren
15 l'acier *m.*	un métal très dur	Stahl
18 s'enfoncer dans	entrer dans	eindringen in
[illegible] avoir sommeil *m.*	avoir envie de dormir	müde sein
le rideau	quand il est fermé, on ne peut plus regarder par la fenêtre	Vorhang
21 s'allonger sur	*dans ce mot, il y a l'adjectif* long	sich ausstrecken auf
26 s'immobiliser	s'arrêter	zum Stillstand kommen
27 baisser	*ici:* descendre pour ouvrir	herunterlassen
28 la voûte		Gewölbe
le fer		Eisen
forger	travailler le fer	schmieden
se hâter	se dépêcher	hasten, eilen
29 frileux, se	qui a froid	frierend, verfroren
30 grelotter		vor Kälte zittern
32 se pencher		sich neigen, beugen
se pencher au-dehors		sich hinauslehnen

regardaient avec des yeux bizarres, les hommes surtout, engoncés dans leur pardessus. Pouce a regardé Poussy, l'air de dire: «Qu'est-ce que tu en dis, hein?» Mais elles étaient si fatiguées qu'elles n'avaient même plus la force de rire.

10 Dans le taxi qui les conduisait à l'hôtel («le plus bel hôtel, d'où on voit bien la mer, et où il y a un bon restaurant») elles se sont chuchoté des idées pour manger. Du poisson, du homard, des crevettes, et du champagne; ce n'était pas le moment de boire de la bière.

Le taxi payé il ne restait plus grand-chose dans la pochette de Poussy, de quoi aller au Casino le lendemain, et distribuer quelques bons pourboires. Devant l'hôtel, Poussy est descendue d'abord, et elle est allée se cacher derrière un massif de fleurs, pendant que Pouce allait prendre la chambre. («Un grand lit, et la vue sur la mer.») Un instant après, clé en main, c'est Poussy qui allait voir la chambre numéro 410. Quand elle est redescendue, elle s'est déclarée satisfaite, sauf pour la vue sur la mer, parce qu'il fallait sortir sur le balcon, et pour la salle de bains qui était un peu petite. Mais Pouce lui a donné une bourrade, et elles ont ri très fort. Elles avaient oublié leur fatigue. Elles avaient hâte de manger. Pouce disait qu'elle était prête à dévorer. Elles se sont séparées pour monter jusqu'à la chambre, Pouce trois minutes avant Poussy, qui avait pris l'escalier au fond du hall. L'hôtel était plein de gens très chics, messieurs en complets-veston, en pardessus clairs, écharpes, et dames en robe lamée, ou en pantalon de satin blanc. Le pantalon et le pull bleu marine des deux amies passaient inaperçus. Quand elles se sont retrouvées dans la grande chambre blanche, elles ont eu un moment de vertige. Elles ont crié, elles ont chanté même, n'importe quoi, ce qui leur passait par la tête, jusqu'à ce que la voix leur manque. Puis Pouce est allée s'installer sur la terrasse, malgré le vent froid, tandis que Poussy commandait à dîner par téléphone. Il était trop tard pour manger du poisson ou du homard, mais elle put obtenir des sandwiches chauds et une bouteille de champagne, que le garçon d'étage a

1	engoncé, e	bien enveloppé	tief eingehüllt
2	le pardessus	un manteau pour hommes	Herrenmantel
7	chuchoter	parler tout bas	flüstern
	le homard		Hummer
8	les crevettes *f.*		Garnelen
10	la pochette	petite poche dans un vêtement	kleine Tasche (in einem Kleidungsstück)
11	distribuer	donner qch à plusieurs personnes	verteilen, austeilen
12	un pourboire	un peu d'argent qu'on donne p.ex. à un garçon de café pour le service	Trinkgeld
17	satisfait, e	content	befriedigt
	sauf	à l'exception de	außer
19	une bourrade	un coup	Rippenstoß
20	la hâte	*voir plus haut:* se hater	Eile
21	dévorer	manger vite et beaucoup	(ver)schlingen
25	une écharpe	Une dame porte une écharpe autour des épaules.	leichter Damenschal, Umhängetuch
	une robe lamée	Dans le tissu d'une robe lamée, il y a des fils de métal.	Kleid aus Stoff mit dünnen Metallfäden
26	le satin	sorte de tissu	Seidenatlas (Stoff)
27	inaperçu, e	qu'on ne remarque pas; *du verbe* apercevoir (j'aperçois – nous apercevons – ils aperçoivent – j'ai aperçu – j'apercevrai): remarquer	unbemerkt
28	le vertige	le sentiment qu'on éprouve quand on a tourné très vite	Taumel, Schwindelgefühl
29	n'importe quoi		ganz gleich was
30	la voix	elle nous permet de parler, de chanter	Stimme
31	tandis que	pendant que	während

apportés sur une petite table roulante. Il n'a même pas regardé la silhouette de Pouce debout devant la fenêtre et quand Poussy lui a donné un bon pourboire, son visage s'est éclairé. «Bonne nuit, mademoiselle», a-t-il dit en refermant la porte.

Les deux amies ont mangé et bu, et le champagne leur a fait tourner la tête; puis leur a donné tout d'un coup mal à la tête. Alors elles ont éteint la lumière et elles se sont couchées tout habillées sur le grand lit frais. Elles se sont endormies tout de suite.

11 Le lendemain, et les jours suivants, ça a été comme une fête. D'abord, il y avait le lever du soleil. Dès le point du jour, Pouce sortait du lit. Elle allait dans la salle de bains prendre une longue douche très chaude, en savourant l'odeur un peu poivrée de la savonnette jaune toute neuve. Après le bain, il y avait aussi la grande serviette-éponge blanche dans laquelle elle s'enveloppait, en se regardant dans le miroir accroché à la porte. Alors Pouce sortait toute frissonnante d'humidité, et elle ouvrait les rideaux beige pour regarder le jour se lever. Un instant après, elle entendait le bruit de l'eau dans la salle de bains, et Poussy venait la rejoindre, emmitouflée dans le peignoir en tissu-éponge rose. Ensemble elles regardaient la mer grise, couleur de perle, qui s'éclairait peu à peu, tandis que le beau ciel pur s'allumait à l'est, du côté des caps sombres. Il n'y avait pas de bruit, et l'horizon vide paraissait immense, comme le bord d'une falaise. Quand le soleil était près d'apparaître, il y avait des vols de goélands au-dessus de la mer. Ils passaient en planant dans le vent, à la hauteur de l'étage où se trouvaient les jeunes filles, et même plus haut encore, et ça donnait un drôle de vertige, comme un bonheur. «C'est beau ...», répétait Pouce, et elle se serrait contre le peignoir de bain de Poussy, sans quitter des yeux la mer illuminée.

12 Plus tard, à tour de rôle, elles téléphonaient au restaurant de l'hôtel, pour qu'on leur apporte à manger sur la petite table roulante. Elles demandaient n'importe quoi, au hasard, sur la

11	le point du jour	le premier moment du jour	Tagesanbruch
13	savourer qch	profiter de qch	etw. (in vollen Zügen) genießen; sich etw. schmecken lassen
	une odeur	C'est le nez qui nous permet d'apercevoir une odeur.	Geruch
	poivré, e	qui a le goût ou l'odeur du poivre	nach Pfeffer schmeckend, riechend; gepfeffert
14	la savonnette	petit pain de savon pour la toilette	(kleines) Stück Toilettenseife
15	une éponge	Dans la classe, l'éponge sert à nettoyer le tableau.	Schwamm
	une serviette-éponge	serviette qui rappelle une éponge	(flauschiges) Frotteehandtuch
16	le miroir	il nous permet de nous regarder	Spiegel
	accrocher	fixer au mur	aufhängen (Bild, Spiegel)
17	frissonner	avoir un peu froid	frösteln
	l'humidité *f.*	*adjectif:* humide: mouillé	Feuchtigkeit
20	rejoindre qn	aller à un endroit pour retrouver un autre (je rejoins – nous rejoignons – ils rejoignent – j'ai rejoint)	zu jm gehen; jn einholen; sich jm anschließen
	emmitouflé, e	enveloppé	warm eingehüllt
	le peignoir (de bain)	sorte de manteau qu'on porte p.ex. en sortant de la salle de bains	Bademantel, Morgenrock
23	sombre	*contraire de* clair	dunkel
	l'horizon paraissait ...	*du verbe* paraître (je parais – il paraît – nous paraissons – paru): sembler	scheinen (aussehen wie)
24	la falaise	un rocher qui descend abruptement vers la mer	Klippe
25	apparaître	*voir plus haut:* paraître; apparaître: se montrer	erscheinen (sich zeigen)
	le goéland	un grand oiseau de mer	große Möwenart
26	planer	se tenir dans l'air sans mouvement; un planeur: avion sans moteur	(in der Luft) segeln
29	serrer	*(sur l'autoroute:)* Serrez à droite: roulez tout à fait à droite	drücken, quetschen; scharf auf eine Seite fahren
	se serrer contre qn		sich eng an jn drängen
33	le hasard		Zufall
	demander qch au hasard	demander qch sans faire attention	aufs Geratewohl verlangen

carte, en faisant semblant de s'étonner quand on leur disait que, pour le homard à l'américaine, c'était trop tôt, et toujours elles commandaient une bonne bouteille de champagne. Elles aimaient bien tremper leur lèvre supérieure dans la coupe légère, et sentir le pétillement des bulles qui piquait l'intérieur de leur bouche et leurs narines. Le jeune garçon revenait souvent, maintenant, c'était lui qui apportait la nourriture et le champagne, et les journaux du matin, pliés cérémonieusement sur le plateau de la petite table roulante. Peut-être qu'il aimait bien les pourboires généreux que lui donnaient les jeunes filles, ou alors peut-être qu'il aimait bien les voir, parce qu'elles n'étaient pas comme les autres clients de l'hôtel, elles riaient et elles avaient l'air de s'amuser tout le temps.

Même, c'est lui qui leur avait montré comment on règle le mélangeur de la douche, et comment on fait marcher le store électrique, en appuyant sur le bouton pour faire tourner les lattes de plastique. Il avait des cheveux bruns bouclés et des yeux verts, et il s'appelait Eric. Mais elles ne lui avaient pas dit leur nom, parce qu'elles se méfiaient de lui tout de même un peu.

13 Les premiers jours, elles n'avaient pas fait grand-chose. Dans la journée, elles étaient allées se promener dans les rues, pour regarder les vitrines des magasins, puis au bord de la mer, au port, pour regarder les bateaux.

«Ça serait bien de partir», disait Pouce.

«Tu voudrais aller sur un bateau?» demandait Poussy.

«Oui, pour aller loin, loin . . . En Grèce, ou en Turquie, ou en Egypte, même.»

Alors elles avaient marché sur les quais, et le long des pannes, pour choisir le bateau sur lequel elles auraient voulu s'en aller. Mais c'était encore l'hiver, le vent froid soufflait en faisant claquer les agrès et gémir les amarres. Il n'y avait personne sur les bateaux.

Finalement, elles en ont trouvé un qui leur plaisait bien. C'était une grosse barque bleue, avec un mât en bois et un habitacle à peine grand comme une niche. Il s'appelait «Cat», et ça aussi, ça

1 faire semblant de f.qch		vorgeben etw. zu tun, so tun als ob
4 tremper qch dans qch	mettre qch pour un petit moment dans un liquide, une boisson p.ex.	etw. in eine Flüssigkeit tauchen
5 le pétillement		Prickeln
la bulle		Blase (von einem Gas)
6 la narine	une partie du nez	Nasenloch
7 la nourriture	ce qu'on mange	Nahrung
8 plier		falten
10 généreux, se		großzügig
15 mélanger	mettre ensemble des choses différentes	mischen
le mélangeur	*ici:* instrument qui permet de mélanger l'eau chaude et froide de la douche	Mischventil, Mischknopf
le store	sorte de rideau	*hier:* Verdunkelungseinrichtung am Fenster
16 appuyer	(j'appuie – nous appuyons)	stützen
appuyer sur qch		auf etw. drücken
17 il a des cheveux bouclés		er hat gelockte Haare
18 se méfier de qn	[illegible] faire confiance à qn	jm gegenüber vorsichtig sein jm misstrauen
28 le long de		entlang
la panne		*hier:* Steg zum Anlegen von Booten
31 les agrès *m.*		Takelage
gémir		stöhnen, ächzen
les amarres *f.*		Anker-, Verbindungstau (zwischen Schiff und Kaimauer)
34 un habitacle	sorte de petite cabine sur un bateau	Kompasshäuschen
35 la niche	la maison du chien	Hundehütte

leur plaisait bien comme nom. Elles sont même montées dessus, Pouce à l'avant, couchée contre la pointe de l'étrave, pour regarder l'eau sombre, et Poussy debout près de l'habitacle, à surveiller si personne ne venait.
Ensuite, il s'était mis à pleuvoir, et elles étaient allées s'abriter sous les portiques des restaurants fermés. Elles avaient regardé les gouttes tomber dans l'eau du port, en parlant et en riant. Il n'y avait vraiment personne, ou presque, de temps en temps une voiture qui roulait lentement le long de la promenade, et qui remontait vers le haut de la ville.
Après, les deux jeunes filles rentraient à l'hôtel, l'une après l'autre, comme toujours, l'une par l'ascenseur, l'autre par l'escalier, et elles commandaient au téléphone des tas de choses à manger, du poisson, des crustacés, des fruits, des gâteaux. Mais elles ne buvaient plus de champagne, parce que ça leur donnait vraiment mal à la tête. Elles demandaient de la limonade, ou des jus de fruits, ou du Coca-Cola.
C'étaient les premiers jours. Après, Pouce en a eu assez de manger dans la chambre d'hôtel, et de se cacher dans la salle de bains chaque fois qu'on frappait à la porte de peur que ce ne soit pas le même garçon. D'ailleurs, elles en avaient assez de l'hôtel, et les gens commençaient à les regarder bizarrement, parce qu'elles ne changeaient jamais de vêtements, peut-être, et puis il y avait des gens qui les avaient vues ensemble et Poussy disait que ça finirait par se savoir.

14

Par une belle matinée ensoleillée, elles sont parties toutes les deux, l'une après l'autre. Poussy est sortie la première, comme si elle allait se promener dans le jardin après le petit déjeuner, du côté de la piscine. Pouce lui a lancé par la fenêtre le sac de voyage avec leurs affaires, et, quelques minutes plus tard, elle est descendue à son tour pour sortir sur l'avenue ; au bout du pâté de maisons, elle a retrouvé Poussy avec le sac. Elles ont marché en parlant et en riant, et elles ont décidé, comme elles n'avaient presque plus d'argent, de faire du stop.

2 la pointe de l'étrave		Spitze des Vorderstevens
5 s'abriter	se mettre à l'abri	sich unterstellen
6 les portiques *m*		Säulengang, Arkade
14 les crustacés *m.*	ils vivent dans la mer	Schalentiere (Krebse, Langusten, etc.)
24 finir par . . . que ça finirait par se savoir		schließlich zu etw. führen . . . dass das schließlich herauskommen würde
30 elle . . . à son tour		sie . . . ihrerseits
31 le pâté de maisons		Häuserblock

Pouce voulait aller vers Nice, et Poussy vers l'Italie; alors elles ont joué à pile ou face, et c'est Poussy qui a gagné. Avant de partir, Pouce a quand même voulu appeler chez elle, pour dire que tout allait bien. Elle a mis une pièce dans l'appareil, et quand maman Janine a décroché à l'autre bout, elle a dit très vite, juste avant que la communication ne soit coupée:
«C'est Christèle. Tout va bien, ne t'inquiète pas, je t'embrasse.»
Poussy a dit que ça ne valait sûrement pas la peine de téléphoner si peu de temps, et que d'ailleurs, maman Janine penserait peut-être qu'elles avaient été kidnappées, et qu'on l'avait obligée à parler très vite.
«Tu crois?» a dit Pouce. Ça a eu l'air de l'inquiéter un instant, et puis elle n'y a plus pensé. Plus tard, Poussy a dit: «On va lui envoyer une carte postale de Monte-Carlo. Quand elle arrivera, on sera en Italie, on ne risquera plus rien.»

15 Dans un bureau de tabac, elles ont choisi une carte postale qui représentait le Rocher, le Palais du Prince ou quelque chose de ce genre, et, en empruntant un crayon à bille, elles ont écrit toutes les deux: «A bientôt, baisers» et elles ont signé: Christèle, Christelle. Elles ont mis l'adresse de maman Janine, et elles ont glissé la carte dans une boîte aux lettres.
Pour le stop, elles se sont installées à un feu rouge, sur la promenade du bord de mer. Il faisait très beau, et elles n'ont pas attendu longtemps. Une Mercedes s'est arrêtée, conduite par un homme d'une cinquantaine d'années, vêtu comme un play-boy, et qui sentait la savonnette. Pouce est montée derrière, et Poussy s'est installée à côté du conducteur.
«Où allez-vous?»
«En Italie», a dit Poussy.
L'homme a mis un doigt au milieu de ses lunettes de soleil.
«Moi, je vais jusqu'à Menton seulement. Mais l'Italie, c'est juste à côté.»
Il conduisait vite, et ça donnait un peu mal au cœur à Poussy. Ou bien c'était peut-être l'odeur de la savonnette. Il glissait de temps en temps un coup d'œil de côté, pour regarder la jeune fille.

2 jouer à pile ou face	on joue à pile ou face avec une pièce de monnaie pour arriver à une décision	eine Münze werfen (als Losentscheid)
5 décrocher	*contraire de* accrocher; *ici:* Quand le téléphone sonne, on doit décrocher.	abnehmen (Bild von der Wand, Telefonhörer)
7 s'inquiéter	*voir plus haut:* se faire des soucis	sich beunruhigen
ne t'inquiète pas	ne t'en fais pas	mach dir keine Sorgen
8 ça vaut la peine		es lohnt sich
10 obliger qn à f. qch	quand on oblige qn à f. qch, il doit le faire, il ne peut pas le refuser	jn zwingen etw. zu tun
12 ça a l'air de	on a l'impression que	es sieht so aus als ob
18 emprunter qch à qn	demander qch à qn et le lui rendre après; *contraire de* prêter qch à qn	von jm etw. ausleihen
25 vêtu, e	avec des vêtements	gekleidet
30 le doigt		Finger
33 elle avait mal au cœur Ça donnait un peu mal au cœur à Poussy.		ihr war schlecht Poussy wurde davon ein wenig schlecht.

«Vous êtes jumelles?»
«Oui», dit Poussy.
«Ça se voit», dit l'homme. «Vous vous ressemblez comme deux gouttes d'eau.»
Il s'irritait parce que les deux jeunes filles ne voulaient pas parler. Alors il a allumé une cigarette. Il doublait n'importe comment, dans les virages, et il klaxonnait avec rage quand on ne lui laissait pas le passage.
Et puis il a dit, tout d'un coup:
«Vous savez que c'est risqué de faire de l'auto-stop comme ça, pour deux jolies filles comme vous?»
«Ah bon?» a dit Poussy.
L'homme avait un petit rire de gorge.
«Oui, parce que si je vous emmenais faire un tour, là où il n'y a personne, qu'est-ce que vous pourriez faire?»
«On sait bien se défendre, vous savez.»
L'homme a ralenti.
«Qu'est-ce que vous feriez?»
Après avoir réfléchi, Poussy a dit tranquillement:
«Eh bien, moi je vous donnerai un coup de manchette sur la pomme d'Adam, ça fait très mal, et pendant ce temps, ma collègue vous claquerait des deux sur les oreilles pour faire péter vos tympans. Et si ça ne suffisait pas, avec une épingle que j'ai sur moi, je vous donnerai un bon coup dans les parties.»
Pendant un instant, l'homme a conduit sans rien dire. Poussy voyait qu'il avalait péniblement sa salive. Alors l'auto est entrée dans la ville de Menton, et l'homme a donné un coup de frein, sans avertir. Il s'est penché, il a ouvert la porte par-dessus Poussy, et il a dit avec une drôle de voix méchante:
«Allez, vous êtes arrivées. Foutez-moi le camp.»
Les deux jeunes filles sont descendues sur le trottoir. L'homme a fait claquer la portière, et la Mercedes a disparu à toute vitesse au bout de la rue.
«Qu'est-ce qui lui a pris?» demandait Poussy.
«Je crois bien que tu lui as fait peur», a dit Pouce. Et elles ont ri un bon moment.

5 s'irriter	s'énerver, se mettre en colère	wütend werden, sich ärgern
6 doubler	dépasser une autre voiture	überholen
7 klaxonner		hupen
la rage	la colère	Wut; Tollwut
13 la gorge		Kehle
16 se défendre	se battre	sich verteidigen
17 ralentir	aller moins vite	verlangsamen, Geschwindigkeit drosseln
20 un coup de manchette	un coup donné avec l'avant-bras	Schlag mit dem Unterarm
22 des deux	des deux mains	*hier:* mit beiden Händen
péter		platzen
23 le tympan	une partie de l'oreille	Trommelfell
une épingle		Nadel
26 avaler	faire descendre par la gorge	hinunterschlucken
péniblement	avec un effort	mühsam
la salive	liquide qui est produit dans la bouche	Speichel
28 avertir	informer (avant de f. qch)	informieren, hinweisen, warnen
sans avertir		ohne Vorankündigung
se pencher		sich neigen, sich hinüberlehnen
29 méchant, e	*contraire de* gentil	boshaft
30 Foutez-moi le camp.	Allez-vous-en. (*au singulier:* Fous le camp.)	Haut ab!
32 disparaître	*contraire de* apparaître *(voir plus haut)*	verschwinden

16 Elles ont décidé de marcher. Elles ont traversé la petite ville, avec ses rues éclairées par le soleil. Dans une épicerie, pendant que Poussy demandait quelque chose à la marchande, Pouce s'emparait de deux pommes et d'une orange, qu'elle fourrait dans le sac de voyage. Plus loin, elles se sont assises au bord de la mer pour se reposer, en mangeant les deux pommes et l'orange. La mer était belle sous le vent froid, bleu profond, frangée d'écume. C'était bien de la regarder sans rien dire, en mordant dans les pommes vertes. On oubliait tout le monde, on devenait très lointain, comme une île perdue dans la mer. C'était à cela que pensait Poussy, à cela: comme c'était facile de partir, et d'oublier les gens, les lieux, d'être neuf. C'était à cause du soleil, du vent, et de la mer. Les oiseaux blancs planaient au-dessus des vagues, en criaillant quand Pouce jetait une peau d'orange sur la plage de galets, les oiseaux s'abattaient, criaient, puis se séparaient, et recommençaient à flotter dans le vent.

«C'est bien, ici», dit Pouce.

Elle se tournait vers Poussy, elle la regardait. Son beau visage anguleux était déjà bruni par ces journées de soleil, et ses cheveux noirs étaient brillants de sel et de lumière. Pouce, elle était plus rouge, surtout sur le nez qui commençait à peler.

«Si on restait ici, quelques jours?»

Poussy dit:

«Jusqu'à demain, d'accord.»

Elles ont trouvé un hôtel sur la promenade du bord de mer, un vieil hôtel tout blanc, avec un jardin à l'arrière. C'était moins luxueux qu'à Monte-Carlo, mais elles ont décidé de prendre une chambre pour deux, cette fois. Quand elle remplissait le livre des arrivées, Poussy demandait: «Il faut payer tout de suite?» Et, naturellement, la réceptionniste disait «quand vous voudrez, en partant c'est mieux». Ça mettait les gens en confiance. La chambre était belle et claire, et on voyait la mer entre les palmiers, lointaine, confondue avec le ciel.

17 C'est le soir surtout qui était beau, quand le vent s'arrêtait, comme un souffle suspendu, et que la belle lumière jaune faisait

3 s'emparer de qch	prendre qch par la force	sich einer Sache bemächtigen
4 fourrer qch dans qch	mettre qch dans qch avec peu de soin	hineinstopfen, unachtsam hineinstecken
7 la frange		Franse
frangé, e		mit Fransen besetzt
l'écume *f.*		Schaum (des Wassers), Gischt
8 mordre	on mord avec les dents	beißen
9 lointain	qui est à une grande distance	entfernt, entlegen
12 le lieu	l'endroit *m.*	Ort, Stelle
13 planer	se tenir en l'air	schweben
criailler	les oiseaux de mer criaillent	kreischen (Möwen, etc.)
14 le galet	sorte de pierre	Kieselstein
15 s'abattre	*ici:* descendre très vite pour attraper qch	sich herabstürzen
16 flotter	planer	schweben
19 anguleux, se	qui a des angles	winklig, eckig
21 peler	(je pèle – nous pelons)	schälen, pellen
30 la réceptionniste	la dame qui travaille à la réception d'un hôtel	Angestellte, die am Empfangsschalter arbeitet
33 confondu, e	*du verbe* confondre: ne pas faire la différence, mélanger	*hier:* ineinander übergehend
35 le souffle	de l'air qui bouge	Atem(zug), Lufthauch
suspendre	arrêter	aufschieben; *hier:* anhalten

briller les maisons ocre, blanches et roses, et découpait la silhouette de la vieille ville sur le ciel pâle. C'était comme d'être au bout du monde, «comme à Venise» disait Poussy. «On ira? On va aller à Venise, après?» demandait Pouce, avec une intonation presque enfantine, et Poussy souriait et la serrait contre elle.

Une fois, après le dîner, elles sont montées en haut d'une des collines, en suivant les chemins qui serpentaient entre les villas et les jardins, pour regarder le soleil se coucher derrière la ville, il y avait des chats errants sous les autos arrêtées et en haut des murs, qui les observaient avec leurs pupilles arrondies. Là, il n'y avait presque pas de vent, et l'air était doux et tiède comme en été, chargé de l'odeur des mimosas. C'était bien, ici, c'était un endroit pour oublier. Pouce et Poussy se sont installées sur un talus, tout à fait en haut de la colline, là où il y avait un petit bois de pins. Des chiens aboyaient, prisonniers dans les jardins des villas. Le soir est tombé petit à petit, sans ombre, en éteignant seulement les couleurs, les unes après les autres. C'était comme de la cendre. C'était très doux, avec les fumées qui montaient par endroits, et les nuages qui traînaient jusqu'à l'horizon, couleur d'or et de feu. Puis, quand la nuit s'est installée, les lumières ont commencé à briller un peu partout, sur le toit des maisons, dans les parallélépipèdes des immeubles. Il y avait des lumières sur la mer aussi, les feux rouges des balises, les réverbères de la jetée, et, peut-être, au large, les lumières à peine visibles d'un grand cargo qui allait vers Gênes.

Les jeunes filles regardaient toutes les lumières qui s'allumaient, en bas, le long de la côte, dans les creux des vallons, les dessins des routes sur les collines. Elles regardaient aussi les phares des autos, les petits points jaunes qui avançaient si lentement, comme des insectes phosphorescents. Ils étaient si loin, si petits, ça n'avait plus tellement d'importance, quand on les regardait d'ici, du haut de la colline.

«On est bien, ici», chuchotait Pouce, et elle appuyait sa tête sur l'épaule de son amie, comme si elle allait s'endormir. Mais Poussy sentait quelque chose de bizarre en elle, comme quand quelqu'un vous regarde dans le dos, ou comme quand on sent qu'il va se

1	ocre (sans *-s* au pluriel)	jaune-brun ou jaune-rouge	ockerfarben
7	la colline		Hügel
	le serpent		Schlange
	serpenter	(qui ressemble au) mouvement du serpent	sich schlängeln
9	errer	marcher sans savoir où on va	umherirren
10	arrondi, e	devenu rond	gerundet
11	tiède	un peu chaud	lauwarm
13	le talus		Böschung
14	le pin	sorte d'arbre	Kiefer, Pinie
15	aboyer		bellen
17	la cendre	ce qui reste quand qch a brûlé, une feuille de papier p. ex.	Asche
18	la fumée		Rauch
19	traîner		*hier:* sich hinziehen
22	le parallélépipède		Quader
23	la balise		Markierungslicht
	le réverbère	la lampe qui éclaire la rue	Straßenlampe
	la jetée	sorte de mur qui s'avance dans la mer pour protéger un port	Mole, Hafendamm
24	un cargo	un grand bateau qui transporte des marchandises	Frachtschiff
27	le vallon	une petite vallée	kleines Tal
	creux, creuse		hohl
	le creux		Höhlung, Vertiefung
	les creux des vallons		Talböden
28	le phare	sorte de lampe qui montre le chemin aux bateaux; lampe avant d'une auto	Leuchtturm; Autoscheinwerfer
33	chuchoter	parler tout bas	flüstern
	appuyer qch sur qch	*ici:* mettre sur	etw. auf etw. stützen

passer quelque chose de mal. Son cœur battait vite et fort, et cela faisait de grands coups dans sa tête, dans sa gorge, des douleurs. Et elle frissonnait par moments, le long de ses bras, le long de son dos, un drôle de picotement qui se nouait sur sa nuque. C'était peut-être aussi le froid de la nuit. Mais elle ne disait rien à Pouce, pour ne pas l'empêcher de rêver. Elle retenait sa respiration, et au bout d'un instant, son souffle s'échappait avec un grand soupir.

«Qu'est-ce que tu as?» disait Pouce.

«Rien . . . Viens, on s'en va», disait Poussy, et elle commençait à descendre la colline, vers la ville, vers toutes les lumières qui bougeaient et brillaient, pareilles à des insectes laborieux.

18 Pour manger, ça n'était pas toujours facile. L'hôtel où étaient descendues les jeunes filles ne faisait pas restaurant le soir, et quand elles avaient faim, il fallait qu'elles se débrouillent. Un soir elles sont allées manger dans un grand restaurant au bord de la mer, et au moment de payer, elles se sont éclipsées l'une après l'autre par la fenêtre des W.-C. C'était une lucarne étroite, mais elles étaient très minces, et elles n'ont pas eu trop de mal à se glisser au-dehors, puis elles ont couru tant qu'elles ont pu, jusqu'à l'hôtel. Le lendemain, elles ont fait la même chose dans un café, au centre de la ville. Elles se sont contentées de sortir, de marcher tranquillement, et de se perdre chacune dans une direction. Elles s'étaient donné rendez-vous sur le port, et comme à chaque fois, elles ont parlé de tout cela en riant, contentes d'avoir échappé. «Si l'une de nous est prise, on jure que l'autre fera tout ce qu'elle peut pour la faire évader», disait Pouce. «Je le jure», répondait Poussy. Mais après cela, il fallait changer de ville, parce que ça devenait trop risqué. Pour aller en Italie, Pouce a décidé qu'elles devaient changer leur garde-robe. Dans un grand magasin, elles ont laissé leurs pantalons bleus et leurs T-shirts et elles sont parties avec des ensembles blancs: Pouce avec un bermuda et un pull, et un blouson en nylon, Poussy avec une jupe droite et une veste en laine. Dans le rayon des souvenirs, Poussy a choisi pour elle un serre-tête en perles avec des motifs indiens d'Amérique, et pour son amie une paire de bracelets en matière plastique couleur

2 la douleur		Schmerz
4 le picotement		Prickeln, Kribbeln
nouer	faire un nœud	knoten, knüpfen
se nouer	commencer à se développer	sich anbahnen, entwickeln
la nuque	une partie du cou	Nacken
6 empêcher qn de f. qch	ne pas permettre à qn de f. qch	jn daran hindern etw. zu tun
la respiration		Atmung
7 s'échapper	*ici:* sortir	entweichen
le soupir		Seufzer
11 bouger	faire des mouvements	sich bewegen
laborieux, se	qui travaille beaucoup	arbeitsam
14 se débrouiller	arriver à un bon résultat, même dans une situation difficile; se tirer d'affaire	sich behelfen, sich aus der Affäre ziehen, sich „durchwursteln"
16 s'éclipser	partir, disparaître	verschwinden
17 la lucarne	petite ouverture dans un toit ou un mur	Luke
étroit, e	*contraire de* large	eng, schmal
21 se contenter de f. qch		sich mit etw. begnügen
25 jurer	lever la main pour garantir qu'on dit la vérité	schwören
26 s'évader	s'enfuir d'un lieu où on était enfermé, p. ex. d'une prison	entfliehen
faire évader qn	aider qn à s'évader, libérer qn	*hier:* befreien
33 le rayon		*hier:* Abteilung in einem Warenhaus
34 le serre-tête	un ruban qu'on met autour de la tête pour maintenir les cheveux	Stirnband
35 le bracelet	on le porte autour de l'avant-bras	Armband

d'ivoire. Et dans le rayon des chaussures, Pouce et Poussy ont laissé leurs souliers qui commençaient à être un peu fatigués, contre des bottes courtes, style western, en skaï blanc.
Quand elles ont eu changé de costumes, elles sont parties pour l'Italie, sans même aller chercher leur sac à l'hôtel. Comme cela, il n'y avait pas de problème pour payer l'addition, et de toute façon, ce qu'elles avaient dans leur sac ne valait pas la peine de faire un détour. «D'ailleurs», avait dit Pouce, «c'est plus commode pour faire du stop de n'avoir rien dans les mains.» Poussy avait gardé son aumônière avec les cartes d'identité, et un peu d'argent qui leur restait. Pouce, elle, n'avait même pas un tube de rouge à lèvres.

19 Elles auraient préféré partir en train, mais maintenant, elles n'avaient plus assez d'argent pour prendre un billet. Alors elles sont sorties de la ville, et elles ont fait signe aux voitures qui passaient. Elles n'ont pas attendu très longtemps. C'était un Italien dans une Alfa Romeo blanche, et comme d'habitude, Poussy est montée devant et Pouce derrière. L'homme avait la quarantaine, des joues tachées de barbe, et des yeux d'un bleu très vif. Il parlait mal le français, et les jeunes filles ne parlaient pas du tout l'italien. Mais ils plaisantaient quand même, et chaque fois que l'homme disait un bout de phrase de travers, elles riaient aux éclats, et lui aussi riait bien.
Au moment de passer la frontière, tout le monde est redevenu sérieux, mais il n'y a pas eu de problème. Le douanier italien a regardé les cartes d'identité des jeunes filles, et il a dit quelque chose au conducteur de la voiture, et ils ont éclaté de rire. Puis ils sont repartis à toute vitesse sur la route du bord de mer qui tournait entre les villas et les jardins, qui longeait les caps et les baies, dans la direction d'Alassio.
Ils sont arrivés dans la ville vers la fin de l'après-midi. Il y avait du monde dans les rues, sur les trottoirs, et la chaussée était sillonnées de vespas qui zigzaguaient entre les trolleybus et les voitures en faisant siffler leurs moteurs suraigus. Pouce et Poussy regardaient tout avec des yeux émerveillés. Elles n'avaient jamais

1	l'ivoire *m.*	L'éléphant nous donne l'ivoire.	Elfenbein
3	la botte	sorte de chaussure	Stiefel
4	quand elles *ont eu changé* de …	Ce temps s'appelle *le passé surcomposé*. On utilise le passé composé face à l'imparfait et le passé surcomposé face au plus-que-parfait.	als sie … gewechselt hatten
7	ça vaut la peine de … faire un détour		es lohnt sich zu … einen Umweg machen
8	commode	agréable	bequem
10	une aumônière	sorte de bourse	(eine Art Geldbörse mit einem Verschlussring, die man früher am Gürtel trug)
11	un tube de rouge à lèvres		Lippenstift
19	la tache		Fleck
	taché, e		gefleckt, gesprenkelt
21	plaisanter	dire des choses pour faire rire ou amuser	scherzen
22	rire aux éclats	rire tout à coup et très fort	laut auflachen
27	éclater de rire		in Lachen ausbrechen, loslachen
30	la baie		Bucht
33	le sillon		Furche
	la chaussée était sillonnée de vespas		auf der Fahrbahn fuhren Vespas entlang (versetzt oder nebeneinander, so dass man die Fahrspur mit Furchen vergleichen konnte)
	le trolleybus	un autobus à moteur électrique	Elektrobus (mit Stromabnehmer auf dem Dach)
34	siffler		pfeifen
	aigu, aiguë		spitz, scharf
	suraigu	extrêmement aigu	sehr hoch (von einem pfeifenden Geräusch)
35	émerveillé, e	étonné, impressionné	erstaunt, verwundert (in hohem Maße)

vu tant de monde, tant d'agitation, de couleurs, de lumière. L'homme à Alfa Romeo s'est garé sur une grande place entourée d'arcades et de palmiers. Il a laissé sa belle voiture neuve n'importe où, sans se soucier des signes des agents de police. Il a montré aux jeunes filles un grand café avec des tables couvertes de nappes blanches et il les a entraînées là, dehors, en plein soleil. L'homme a dit quelque chose au garçon qui est revenu quelques instants après avec deux énormes glaces nappées de crème et de chocolat fondu. Lui, il s'est contenté d'un café très noir dans une minuscule tasse. Les glaces leur ont fait pousser des cris, et elles ont ri si fort que les gens se retournaient sur la place. Mais ils n'avaient pas l'air gêné, ni même curieux; ils riaient aussi de voir deux jolies filles vêtues de blanc, la peau couleur de cuivre, les cheveux frisés par la mer et le soleil, attablées devant ces deux glaces qui ressemblaient à des mottes de neige.
Elles ont mangé toute leur glace, et après cela, elles ont bu un grand verre d'eau fraîche. L'homme a regardé sa montre et il a dit: «Me vono» plusieurs fois. Il attendait peut-être qu'elles repartent avec lui. Mais Poussy a secoué la tête, et elle lui a montré tout cela, la ville, les maisons à arcades, la place où les autos et les vespas tournaient sans cesse comme les figures d'un manège, et elle n'a rien dit, et il a compris tout de suite. Mais il n'avait pas l'air déçu, ni en colère. Il a payé les glaces et le café au garçon, puis il est revenu, et il les a regardées un instant avec ses yeux bleus qui brillaient dans son visage sombre. Il s'est penché vers elles, l'une après l'autre, en disant «Bacio, bacio». Poussy et Pouce l'ont embrassé sur la joue, en respirant un instant le parfum un peu piquant de sa peau. Puis il est parti vers son Alfa Romeo, et il a démarré. Elles l'ont regardé tourner autour de la place, se joindre au ballet des autos et des vespas, et disparaître dans la grand-rue.

20 Il commençait à être un peu tard, mais les deux jeunes filles ne se souciaient pas du tout de l'endroit où elles allaient dormir. Comme elles n'avaient plus de bagage encombrant, juste l'aumônière en skaï bleu marine de Poussy, elles ont commencé à flâner dans la ville, en regardant les gens, les maisons, les rues étroites. Il

1	l'agitation *f*		Bewegung, Hetze, Hektik
2	entouré, e (d'arcades)	il y a (des arcades) autour (de la place)	umgeben von
4	se soucier de qch	s'inquiéter	sich wegen etw. Sorgen machen
6	la nappe	elle est en étoffe et on la met sur la table	Tischtuch
	entraîner	emmener	mitziehen, mitnehmen
8	nappé, e de (crème)	couvert de; *voir plus haut:* la nappe	mit (Sahne) darauf
9	fondre	La glace fond au soleil.	schmelzen
10	minuscule	très petit	winzig
12	gêné, e		gestört (so dass man befremdet oder verärgert ist)
13	le cuivre	métal brun-rouge	Kupfer
14	frisé, e		gekräuselt
	attablé, e	à table	am Tisch sitzend
15	ressembler à	être presque comme	ähneln
	la motte	gros morceau	Klumpen
18	«Me vono.» *(ital.)*	Je pars. Je m'en vais.	Ich gehe.
19	secouer la tête	dire «non» de la tête	den Kopf schütteln
21	le manège		Reitbahn; *hier:* Karussell
23	déçu, e	*du verbe* décevoir; être triste parce que ce qu'on a espéré ne se réalise pas	enttäuscht
	ne ... pas ... ni		weder ... noch
26	bacio *(ital.)*	baiser	Kuss
27	respirer	*voir plus haut:* la respiration	(ein)atmen
29	démarrer	mettre en marche	starten
	se joindre à ...	aller avec ...	sich ... anschließen
32	se soucier de qch	*voir plus haut:* se faire des soucis	sich Sorgen machen
	un endroit	un lieu, une place	Stelle, Ort
33	encombrant	qui prend beaucoup de place et qui gêne; difficile à porter	unhandlich, sperrig
	une aumônière	*voir plus haut*	(eine Art Geldbörse mit Verschlussring, die man früher am Gürtel trug)
34	flâner	se promener sans but précis, pour regarder	einen Bummel machen

y avait toujours beaucoup de monde, de plus en plus de monde, parce que pour les Italiens, ça n'était pas la fin de la journée, mais une nouvelle journée qui commençait avec le soir. Les gens sortaient de toutes les maisons, des hommes habillés de complets noirs, avec des chaussures brillantes, des femmes, des enfants; même les vieux sortaient dans la rue, quelquefois en tirant une chaise de paille pour s'asseoir au bord du trottoir.
Tous, ils parlaient, ils s'interpellaient, d'un bout à l'autre des rues, ou bien ils parlaient avec le klaxon de leurs autos et de leurs vespas. Il y avait des jeunes gens qui marchaient à côté de Pouce et Poussy, un de chaque côté, et ils parlaient aussi, sans arrêt, en leur prenant le bras et en se penchant vers elles; ils racontaient tellement d'histoires dans leur langue que ça faisait tourner la tête. Mais ça les faisait rire aussi, c'était comme une ivresse, tous ces gens, dans la rue, ces femmes, ces enfants qui couraient, les premières lumières des magasins, le salon de coiffure d'homme avec un fauteuil d'acier et de cuir rouge où un gros homme allongé, le visage couvert de mousse, se faisait raser en regardant la rue. Les garçons qui marchaient à côté de Pouce et de Poussy se lassaient, s'en allaient, étaient remplacés par deux autres garçons bruns de visage et de cheveux, avec des dents très blanches. Ils essayaient de leur parler en français, en anglais, puis ils recommençaient leur bavardage en italien, en fumant de fausses cigarettes américaines qui sentaient la feuille morte. Pouce et Poussy entraient dans les magasins de mode, ou chez le marchand de chaussures, et elles essayaient des robes et des sandales qui ressemblaient à des cothurnes, sans regarder les deux garçons restés au dehors qui leur faisaient des signes et des grimaces à travers la vitrine.
«Ils m'énervent», disait Pouse.
«Laisse-les. Ne les regarde pas», disait Poussy.
Mais ça n'était pas facile de faire des affaires avec de tels pitres dans les parages. Les gens s'arrêtaient devant le magasin, cherchaient à voir ce qu'il y avait à l'intérieur en plissant leurs yeux. Même il y a eu un policier tout à coup, et Poussy et Pouce ont senti leur cœur battre plus vite, mais il était là comme les

7 la paille		Stroh
14 une ivresse	quand on a bu trop d'alcool, on est ivre	Trunkenheit
16 le salon de coiffure	dans un salon de coiffure, on vous coupe les cheveux p. ex.	Friseurgeschäft
17 le fauteuil	sorte de grande chaise	Sessel
l'acier *m.*	un métal très dur	Stahl
le cuir	on fait le cuir de la peau de certains animaux, de la vache p. ex.	Leder
18 allongé, e	*dans ce mot, il y a l'adjectif* long	ausgestreckt
la mousse		(Seifen)schaum
23 le bavardage	une conversation sans importance	Geschwätz
24 . . . qui sentaient la feuille morte	*du verbe* sentir	. . . die nach verwelkten Blättern rochen
27 le cothurne		der Kothurn (Schuh mit sehr dicker Sohle, den die Schauspieler in den antiken Tragödien trugen)
32 un pitre		Possenreißer (der früher das Publikum zu einem Schauspiel, z. B. zum Zirkus anlocken sollte); hier: alberner Kerl
33 dans les parages	dans les environs, dans le voisinage	in der Gegend; *hier:* in der Nähe
34 plisser les yeux		die Augen zusammenkneifen

autres, par curiosité. Puis il s'est senti vexé d'être surpris à baguenauder, alors il est entré dans le magasin et il dit quelque chose, et la vendeuse qui parlait français a traduit:
«Il vous demande si les garçons vous ennuient.»
«Oui, non», ont dit Pouce et Poussy. Elles étaient un peu gênées. Mais quand elles sont sorties du magasin, les garçons avaient décampé, et plus personne ne s'est approché d'elles, comme si tout le monde avait été au courant de l'intervention du policier.

21 Vers la fin de l'après-midi, Pouce a commencé à traîner la jambe et à souffler. Quand Poussy l'a regardée, elle a été un peu effrayée de la voir si pâle, malgré le hâle.
«Qu'est-ce que tu as?»
Pouce a haussé les épaules.
«Je suis fatiguée ... J'ai froid, c'est tout.»
Alors elles se sont mises à chercher un hôtel. Mais c'était partout pareil. Quand elles entraient dans le hall, les gens de la réception les regardaient bizarrement, avec un regard en dessous, et tout de suite ils demandaient à Poussy de payer la nuit d'avance. C'était lassant, et elles auraient bien payé si elle avaient eu suffisamment d'argent, mais l'aumônière de Poussy était maintenant presque vide. Alors elles faisaient semblant d'être venues juste pour le renseignement, et Poussy disait: «Merci, on vous téléphonera plus tard pour réserver.» Et elles s'en allaient très vite, de peur que les gens de l'hôtel n'aient l'idée d'alerter la police.
«Alors, qu'est-ce qu'on fait?» a dit Pouce.
Elles étaient un peu fatiguées par tout le monde, et, en plus, elles n'avaient rien pu prendre dans les magasins à cause du policier. Alors elles sont retournées jusqu'à la place Partigiani, et de là, elles sont allées sur la plage. C'était le soir, il n'y avait pas de vent sur la mer. Le ciel était immense et rose, couleur de perle, et les grandes vieilles maisons debout dans le sable de la plage ressemblaient à des vaisseaux échoués. Jamais Pouce et Poussy n'avaient rien imaginé de plus beau.
«Tu crois que c'est comme ça, à Venise?» a dit Pouce.

1	la curiosité	*voir plus haut:* curieux	Neugier
	vexé, e	un peu en colère, mécontent, énervé	verärgert
	surpris, e		überrascht
2	Puis il ... baguenauder, ...		Dann fühlte er sich verärgert, dass man ihn beim bloßen Herumbummeln überrascht hatte, ...
4	ennuyer qn	énerver qn	jn stören, belästigen, ärgern, langweilen
5	gêné, e	Quand on est gêné, on ne sait pas trop quoi faire ou dire.	*hier:* verlegen
7	décamper	partir très vite; *voir plus haut:* ficher le camp	abhauen
8	être au courant de qch	être informé	Bescheid wissen, auf dem laufenden sein über
	une intervention		Eingreifen
9	traîner la jambe	marcher lentement parce que c'est pénible	schleppend gehen
10	souffler	on entend sa respiration	schnaufen
	elle est effrayée	elle a peur	sie ist erschreckt
11	pâle		blass
	le hâle		Sonnenbräune
13	hausser les épaules	On fait ce geste, quand on ne sait pas de réponse.	mit den Achseln zucken
15	se mettre à f. qch	commencer à f. qch	sich daranmachen etw. zu tun
19	lassant, e	fatigant et ennuyant; *du verbe* (se) lasser	ermüdend
21	faire semblant de f. qch		vorgeben etw. zu tun, so tun als ob
24	alerter	informer	benachrichtigen, alarmieren
31	le sable		Sand
32	le vaisseau	le bateau	Schiff
	échouer		stranden, scheitern

Les oiseaux de mer volaient lentement au ras de la mer, sautant légèrement par-dessus les vagues. Il y avait l'odeur profonde et lointaine, le goût du sel, et cette lumière rose du ciel sur l'eau grise, sur les façades couleur de vieil or.

«Je voudrais ne jamais m'en aller d'ici», a dit encore Pouce.

Elles se sont assises sur le sable, tout près de la frange d'écume, pour regarder la nuit venir.

Elles ont dormi là, sur la plage, protégées des regards et du vent froid par un vieil escalier qui conduisait à une porte murée, et par la carcasse d'une barque abandonnée. Mais le sable était doux et léger, et il gardait un peu de la chaleur dorée de la dernière lumière du soleil. C'était bien de dormir en plein air, entouré par le bruit lent de la mer, et par l'odeur puissante du sel. C'était comme si elles avaient été à l'autre bout du monde, et que tout ce qu'elles avaient connu autrefois, depuis leur enfance, était effacé, oublié.

22 Dans la nuit, Poussy s'est réveillée. Elle avait froid, et elle n'avait plus sommeil. Sans faire de bruit, elle a marché sur la plage, jusqu'à la mer. La lune brillait dans le ciel noir, éclairait les vagues et faisait briller l'écume très blanche. Aussi loin qu'on pouvait voir, il n'y avait personne sur la plage. Les silhouettes des vieilles maisons étaient sombres, avec leurs volets fermés contre le vent de la mer.

La jeune fille a écouté un long moment le bruit de la mer, les longues vagues qui s'écroulaient mollement sur le sable, et jetaient vers ses pieds les franges d'écume phosphorescente. Au bout de la baie, il y avait le phare de Capo Mele, et, plus loin encore, la lueur d'Albenga dans le ciel, au-dessus des collines.

Poussy aurait bien aimé se plonger dans l'eau sombre, pleine d'étincelles de lumière de la lune, mais elle avait froid, et un peu peur aussi. Elle a seulement enlevé ses bottes, et elle a marché pieds nus dans l'écume. L'eau était glacée, légère, tout à fait comme la lumière de la lune dans le ciel noir.

Ensuite elle s'est assise auprès de Pouce qui continuait de dormir. Et pour la deuxième fois depuis le début de leur voyage, elle a ressenti ce grand vide, presque un désespoir, qui déchirait et

1 au ras de la mer	très peu au-dessus de la mer	unmittelbar über der Meeresoberfläche
sauter		springen, hüpfen
2 la vague		Welle, Woge
une odeur		Geruch
profond, e	le fond est loin de la surface	tief
3 lointain, e	*contraire de* proche, voisin	fern, entfernt
le goût		Geschmack
4 l'or *m.*	métal jaune; l'or est très cher	Gold
8 protéger	mettre à l'abri d'un danger	schützen
9 une porte murée	une ancienne porte qui a été fermée par des briques	zugemauerte Tür
10 la carcasse		Gerippe, Wrack
abandonner	laisser une chose à un endroit et s'en aller, ne plus se servir d'un objet; quitter quelqu'un dans une situation difficile sans l'aider	verlassen, aufgeben
doux, douce	*contraire de* dur	weich, sanft
11 doré, e	de la couleur de l'or (voir plus haut)	vergoldet, goldschimmernd
13 puissant, e	fort	stark, kraftvoll
15 effacer	*(En classe:)* A la fin du cours, on efface le tableau.	auswischen, auslöschen
21 le volet		Fensterladen
24 s'écrouler		zusammenstürzen
mollement	*de l'adjectif* mou, mol, molle, mous, molles	weich; kraftlos
27 la lueur		Leuchten
28 plonger	sauter dans l'eau; nager sous l'eau	ins Wasser springen; tauchen
se plonger dans l'eau	aller dans l'eau	ins Wasser eintauchen
29 une étincelle	un point de lumière	Funke
31 nu, e	sans vêtements	nackt
pieds nus	sans chaussures	barfuß
glacé, e	très froid, comme de la glace	eisig
35 ressentir	avoir un sentiment	empfinden
le désespoir	*contraire de* espoir	Hoffnungslosigkeit, Verzweiflung
déchirer		zerreißen

trouait l'intérieur de son corps. C'était si profond, si terrible, ici dans la nuit, sur la plage déserte avec le corps de Pouce endormi dans le sable et ses cheveux bougeant dans le vent, avec le bruit lent et impitoyable de la mer et de la lumière de la lune, c'était si douloureux que Poussy a un peu gémi, pliée sur elle-même.

Qu'est-ce que c'était? Poussy ne le savait pas. C'était comme d'être perdue, à des milliers de kilomètres, au fond de l'espace, sans espoir de se retrouver jamais, comme d'être abandonnée de tous, et de sentir autour de soi la mort, la peur, le danger, sans savoir où s'échapper. Peut-être que c'était un cauchemar qu'elle faisait, depuis son enfance, quand autrefois elle se réveillait la nuit couverte d'une sueur glacée, et qu'elle appelait: «Maman! Maman!» en sachant qu'il n'y avait personne qui répondait à ce nom-là, et que rien ne pourrait apaiser sa détresse, ni surtout la main de maman Janine qui se posait sur son bras, tandis que sa voix étouffée disait: «Je suis là, n'aie pas peur», mais elle, de tout son être, jusqu'aux plus infimes parties de son corps, protestait en silence: «Ce n'est pas vrai! Ce n'est pas vrai!»

Le désespoir et la solitude de Poussy étaient si intenses, en cet instant, que cela a dû réveiller Pouce. Elle s'est relevée, le visage bouffi de sommeil, les cheveux bouclés pleins de sable et d'algues séchées. Elle a dit:

«Qu'est-ce qui se passe?»

D'une voix si drôle, et son visage avait une telle expression endormie, que Poussy a senti son angoisse fondre d'un seul coup, et qu'elle a éclaté de rire. Pouce l'a regardée sans comprendre, et elle s'est mise à rire elle aussi. Cela a fini de réveiller Pouce, et toutes les deux, elles ont décidé de marcher un peu sur la plage pour se réveiller.

23 Elles sont allées tout à fait au bout de la ville, longeant les vieux immeubles debout sur la plage qui ressemblaient tout à fait à des carcasses de bateaux échoués depuis des siècles. Parfois, comme elles passaient, un chien aboyait quelque part, ou bien elles voyaient les ombres furtives des rats qui couraient sur la plage. Elles se sont assises au bout de la plage, près de l'estuaire du

1 trouer	faire des trous	durchlöchern
2 désert, e	vide, sans hommes	verlassen, menschenleer
3 bouger	faire un mouvement	sich bewegen
4 lent, e	*contraire de* rapide	langsam
la pitié		Mitleid
impitoyable	sans pitié	mitleidslos, unerbittlich
5 douloureux, se	qui fait mal	schmerzhaft, schmerzlich
gémir		stöhnen
plier		falten
... pliée sur elle-même		zusammengekrümmt
7 l'espace *m.*		Raum, Zwischenraum, Weltraum
9 la mort	*contraire de* la vie	Tod
10 s'échapper	s'enfuir	fliehen, entwischen
faire un cauchemar	faire un mauvais rêve	einen Alptraum haben
12 la sueur	l'eau salée qui sort de la peau quand on fait un effort ou quand on a peur	Schweiß
14 la paix	*contraire de* la guerre	Frieden
apaiser	apporter la paix, calmer	besänftigen, lindern
la détresse	le sentiment d'être isolé, abandonné, faible	Elend, Hilflosigkeit gemischt mit Verzweiflung
16 étouffé, e	pas très clair	erstickt, gedämpft
17 infime	très petit	winzig, äußerst
19 intense	très fort	intensiv
21 bouffi de sommeil		vom Schlaf verquollen
22 sécher	*contraire de* mouiller	trocknen
25 l'angoisse *f.*	peur très intense	tiefe Angst
fondre		schmelzen; *hier:* verfliegen
30 longer (les immeubles)	(marcher) le long des (immeubles)	an (den Mietshäusern) entlanggehen, -fahren, etc.
32 le siècle	100 ans	Jahrhundert
33 quelque part	on ne sait pas exactement où	irgendwo
34 furtif, furtive	qu'on voit seulement pendant un petit moment	flüchtig, verstohlen
le rat		Ratte
35 un estuaire	l'endroit où un fleuve se jette dans la mer	Trichtermündung

fleuve. Elles ont allumé une cigarette américaine, et elles ont fumé sans rien dire, les yeux fixés sur l'horizon noir et sur la tache scintillante de la lumière de la lune. Il n'y avait presque plus de vent, à présent, comme c'est toujours, juste avant l'aube. Mais l'air était froid et humide, et les jeunes filles se sont serrées l'une contre l'autre pour avoir moins froid. Peut-être que Poussy a pensé à ce moment-là à faucher une couverture, ou un parka, dans un grand magasin. Si elle y a pensé, ça n'est pas tant à cause du froid qu'elle ressentait, que parce que Pouce avait commencé à tousser cette nuit-là. Il y avait la fatigue de toutes ces journées de voyage, trop de soleil et trop de vent, peut-être, et les repas pris n'importe quand, n'importe comment, et puis cette longue nuit sur la plage humide, enveloppée de vent et d'embrun. Maintenant Pouce frissonnait, et sa main brûlait dans la main de son amie.
«Tu ne vas pas être malade?»
Pouce a dit:
«Non, ça va aller, dans un moment.»
«Le soleil va se lever, on va aller dans un café.»
Mais la respiration de Pouce sifflait déjà, et sa voix était rauque, étouffée.
Elles sont tout de même restées là, assises sur des cailloux à côté de l'embouchure du fleuve, à regarder l'horizon et le ciel, jusqu'à ce que la première lueur du jour apparaisse à l'est, une tache grise qui grandissait peu à peu au-dessus des terres. Quand le soleil est apparu, dans le ciel clair et pur, les jeunes filles sont allées se coucher de nouveau dans le sable, près des murs des vieilles maisons, et elles se sont endormies, peut-être en rêvant de leurs voyages qui n'en finiraient jamais.

24 Quand le soleil a été bien haut dans le ciel, Poussy s'est réveillée. Sur la grande plage, il n'y avait que quelques silhouettes de pêcheurs, au loin, en train de s'occuper de leurs barques échouées, ou bien qui faisaient sécher les filets avant de les réparer. Poussy commençait à avoir faim, et soif. Elle a regardé un bon moment Pouce allongée à côté d'elle, avant de comprendre qu'elle ne

2 la tache		Fleck
3 scintiller	se dit d'un point lumineux qui bouge un tout petit peu	funkeln, flimmern
4 l'aube *f.*	le moment avant le début du jour	Morgendämmerung
7 faucher *fam.*	voler	klauen
10 tousser		husten
13 l'embrun *m.* (*aussi au pluriel:* les embruns)	très petites gouttes d'eau emportées par le vent	Gischt
14 frissonner	avoir froid	frösteln
19 rauque	*(en parlant de la voix:) contraire de* clair	rauh
21 le caillou		Kieselstein
22 une embouchure		Flussmündung
31 échoué, e	*ici:* tiré sur la plage	*hier:* auf den Strand gesetzt
32 le filet	il sert à attraper des poissons	Netz

dormait pas. La jeune fille avait le visage très pâle, et ses mains étaient glacées. Mais ses yeux brillaient d'un éclat inquiétant.
«Tu es malade?» a demandé Poussy.
Pouce a répondu par un grognement. Sa respiration sifflait un peu plus fort que tout à l'heure. Quand Poussy a pris son bras pour l'aider à s'asseoir, elle a vu sur sa peau tous les petits poils hérissés, comme quand on a la chair de poule.

25 «Ecoute», a dit Poussy. «Attends-moi ici. Je vais aller en ville pour essayer de trouver une valise, comme ça on pourra aller à l'hôtel. Et puis je vais te chercher quelque chose à manger, et à boire. Du thé, ça te ferait du bien, avec du citron.»
Comme Pouce ne disait ni oui ni non, Poussy est partie tout de suite. Elle a longé la plage jusqu'à ce qu'elle trouve une rue, et elle a cherché un grand magasin.
Pouce est restée seule sur la plage, assise dans le sable, le dos appuyé contre le vieux mur décrépi que le soleil du matin commençait à chauffer un peu. Elle regardait la mer et le ciel, devant elle, avec des yeux troubles, comme s'il y avait de la fumée qui l'entourait et la séparait du réel. Elle respirait à toutes petites goulées, pour ne pas avoir mal au fond de ses poumons, et cette respiration saccadée la fatiguait et lui donnait une sorte de vertige très lent. Maintenant, il y avait du bruit sur la plage, des cris d'enfants, des voix de femmes, des voix d'hommes, peut-être même les échos brouillés d'un poste de radio. Mais Pouce ne faisait guère attention à eux. Elle les percevait comme s'ils venaient du bout d'un très long corridor, hachés, déformés, incompréhensibles.

26 «Come ti chiama?»
Le son de la voix la fit sursauter. Elle tourna la tête, et elle vit un jeune garçon debout devant elle, qui l'examinait avec insistance.
«Come ti chiama?» répéta-t-il. Sa voix était aiguë, mais pas désagréable. Il regardait avec étonnement la jeune fille, son visage cuivré, ses habits blancs froissés par la nuit, ses cheveux emmêlés et pleins de sable, et ses bracelets en matière plastique.

2 un éclat	une lueur	*hier:* Glanz
4 le grognement		Knurren
6 un hérisson		Igel
les petits poils sont hérissés		die kleinen Körperhaare sind aufgerichtet (wie Igelstacheln)
7 avoir la chair de poule	quand on a froid, on a quelquefois la chair de poule	eine Gänsehaut haben
15 le dos	la partie du corps opposée à la poitrine	Rücken
16 le crépi		Putz (auf einer Mauer)
le mur décrépi	mur sans crépi	Mauer, von der der Putz abgefallen ist
18 trouble	*(en parlant de l'eau ou, comme ici, des yeux:)* pas clair	trüb
20 la goulée	prendre une grande goulée d'air: faire entrer beaucoup d'air dans sa bouche	Mundvoll; *hier:* Atemzug
les poumons *m.*	en respirant, on remplit et on vide les poumons	Lunge
21 saccadé, e	irrégulier	stoßweise, ruckhaft
24 brouillé, e	pas clair; mélangé avec d'autres bruits	mit anderen Tönen gemischt, gestört
25 ne . . . guère	presque pas, à peine	kaum
percevoir	*voir plus haut:* apercevoir	wahrnehmen
26 hacher	couper avec une hache	zerhacken
déformer	faire perdre la forme normale	deformieren, entstellen
27 incompréhensible	qu'on ne peut pas comprendre	unverständlich
28 «Come ti chiama?» *(ital.)*	Comment t'appelles-tu?	Wie heißt du?
29 sursauter		hochfahren
30 avec insistance *f.*	avec beaucoup d'attention	mit Nachdruck, beharrlich
32 avec étonnement *m.*	étonné	erstaunt
33 cuivré, e	de la couleur du cuivre	kupferfarben
froissé, e	*contraire de* lisse	zerknittert

Pouce a compris la question, et elle a dit son nom, en montrant le pouce de sa main.

«Pollice?» a dit le garçon. Et il s'est mis à rire, et Pouce riait aussi, tandis qu'il répétait:

«Pollice . . . Pollicino! Pollicino!»

Et puis il a montré sa poitrine avec son index, et il a dit: «Sono Pietropaolo. Pietropaolo.»

Pouce a répété son nom, et ils ont recommencé à rire. Elle avait complètement oublié le mal dans ses poumons, et les frissons de fièvre. Elle ressentait seulement une ivresse bizarre, comme quand on est resté longtemps sans manger et sans dormir, une faiblesse pas désagréable.

Pietropaolo s'est assis à côté d'elle, le dos appuyé à la muraille, et il a sorti un vieux paquet de Chesterfield tout froissé, duquel il a extrait deux cigarettes tordues, presque cassées. Pouce a pris la cigarette. La fumée douce lui a fait du bien, au moins pendant les premières bouffées, puis elle s'est mise à tousser si fort que le garçon s'est mis à genoux devant elle, l'air un peu effrayé.

«J'ai mal là», a dit Pouce, en montrant sa poitrine.

«Male», a dit le garçon. «E non hai un medicamento p'ciò?»

«Non, non», a dit Pouce.

La toux l'avait fatiguée. De petites gouttes de sueur perlaient sur son front, sur les côtés de son nez, et elle sentait son cœur battre très vite, à cause de la brûlure au fond de sa poitrine.

Le soleil était haut dans le ciel, maintenant, à sa place d'environ onze heures. Pietropaolo et Pouce restaient assis sans bouger, sans parler, à regarder les vagues tomber sur la plage.

27 Ensuite Poussy est revenue. Elle portait sur le bras une grosse veste imperméable de couleur kaki, et une bouteille de bière. Elle s'est assise en soufflant sur le sable, comme quelqu'un qui a beaucoup couru. Pouce était appuyée contre le mur, le visage fatigué, les yeux brillants de fièvre.

«Qui est-ce?» a demandé Poussy.

«C'est Pietropaolo . . .», a dit Pouce.

Le garçon a fait un large sourire.

3 pollice *(ital.)*	le pouce	Daumen
6 l'index *m.*	le doigt qui sert à montrer qch	Zeigefinger
sono *(ital.)*	je suis	ich bin
9 le frisson	*voir plus haut:* frissonner	Frösteln
13 la muraille	mur haut et épais	(dicke, hohe) Mauer
15 extraire qch de qch	sortir qch de qch	etw. aus etw. herausholen
tordu, e	*du verbe* tordre; *contraire de* droit	krumm, verbogen
17 la bouffée		Zug (aus Zigarette, etc.)
18 le genou, les genoux	une partie de la jambe	Knie
20 «E non ...» *(ital.)*	Et tu n'as pas de médicament pour ça?	Und du hast kein Medikament dafür?
22 la toux	*voir plus haut:* tousser	Husten
24 la brûlure	*du verbe* brûler	Brennen, Verbrennen
29 imperméable	qui ne se laisse pas traverser par l'eau	wasserdicht

«Pietropaolo. Ete?»

«Poussy», a dit Poussy.

«Poussy?»

Pouce a miaulé, pour lui faire comprendre.

«Ah! Il Gatto! Gattino!»

Il s'est mis à rire, et les deux jeunes filles ont ri avec lui. Ensemble ils on bu de la bière, en essuyant le goulot entre chaque gorgée. Puis Poussy a montré la veste à Pouce et elle lui a raconté ce qu'elle avait fait.

«C'est pour toi. Pas moyen d'avoir une valise. Partout elles sont attachées avec des chaînes. J'ai failli me faire piquer avec la veste. J'ai dû courir pendant je ne sais combien de temps avec ce truc au bout du bras, et le vendeur qui criait «ladra! ladra!» derrière moi. Heureusement il était gros, et il s'est fatigué avant moi.»

«Ladra! Ladra!» a répété Pietropaolo, et ils ont éclaté de rire.

Poussy a aidé Pouce à enfiler la veste.

«Elle est un peu grande, mais ça te tiendra chaud.»

«Et la bière?» a demandé Pouce.

«Oh, elle était dans un carton, devant un magasin fermé. Je n'ai eu qu'à la prendre.»

Ils buvaient encore de la bière, à tour de rôle, puis Pietropaolo a ressorti son fameux paquet de Chesterfield tout froissé, et il l'a tendu vers les jeunes filles.

Pouce a secoué la tête, et Poussy a refusé elle aussi. Elle lui a dit: «J'ai faim.»

Le garçon la regardait sans comprendre. Alors elle a montré sa bouche, en faisant claquer ses mâchoires.

«Ah si. Vorresti mangiare.»

Il s'est levé d'un bond, et il a disparu en courant dans une des rues qui donnaient sur la plage.

Elles l'ont attendu, sans parler, sans bouger, le dos appuyé contre la vieille muraille, en regardant la mer. Le vent froid soufflait par rafales, il y avait des nuages sombres dans le ciel. Poussy pensait à tout cela, qui était si loin maintenant, l'atelier, les rues grises de la banlieue, la chambre obscure et la cuisine où maman Janine était assise, et pour la première fois depuis des jours elle n'y pensait

1 Ete? *(ital.)*	Et toi?	Und du?
4 miauler	le chat miaule	miauen
5 il gatto *(ital.)*	chat	Katze
7 essuyer	(j'essuie – nous essuyons)	abwischen
le goulot	partie de la bouteille où se trouve l'ouverture	Flaschenhals
la gorgée	la quantité de boisson qu'on peut mettre dans la bouche	Schluck
10 pas moyen de ...	impossible de ...	unmöglich ... zu ...
11 la chaîne		Kette
j'ai failli me faire piquer *fam.*	on m'a presque arrêtée	fast hätte man mich geschnappt
12 le truc *fam.*	la chose, l'objet *m.*	Ding
13 ladra *(ital.)*	voleuse	Diebin
16 enfiler	mettre un vêtement, un manteau p. ex.	(eine Jacke, etc.) anziehen
24 refuser	ne pas accepter	ablehnen
27 la mâchoire		Kiefer
28 «Ah si. Vorresti mangiare.» *(ital.)*	Ah oui. Tu voudrais manger.	Ach ja. Du möchtest essen.
29 un bond	le saut	Satz, Sprung
30 donner sur	*ici:* mener vers	*hier:* führen nach
33 la rafale	un coup de vent rapide et brutal	Windstoß
35 obscure	sombre	dunkel, düster

plus avec angoisse, mais avec une sorte d'indifférence, comme si elle avait vraiment décidé que plus jamais elle ne retournerait dans cette maison. Elle regardait Pouce du coin de l'œil, son visage enfantin, l'expression presque obstinée de ses lèvres, et le front bombé où le vent agitait les boucles des cheveux. Emmitouflée dans la veste kaki, Pouce semblait avoir retrouvé sa chaleur, sa respiration était plus régulière, elle sifflait moins, et les joues étaient moins pâles. La jeune fille regardait fixement la mer et le sable de la plage vide, comme si elle dormait les yeux ouverts.

28 «On va rentrer», a dit Poussy tranquillement, si calmement que Pouce a tourné son visage vers elle et l'a regardée avec désarroi. «On va s'en aller, maintenant. On va rentrer», a dit encore une fois Poussy. Pouce n'a rien dit, mais elle a recommencé à regarder la plage et la mer fixement. Seulement les larmes ont perlé entre ses cils, puis ont glissé sur ses joues, et le vent les chassait un peu en arrière. Quand Poussy s'est rendue compte que la jeune fille pleurait en silence, elle l'a serrée contre elle en l'embrassant; elle lui a dit:

«Ça n'est pas seulement à cause de ça, tu sais, moi aussi j'aurais pu tomber malade, mais c'est parce que – » Mais elle n'a pas pu continuer parce qu'elle ne trouvait pas de bonne raison.

«Moi aussi, je voulais qu'on aille jusqu'à Venise, et même à Rome, et en Sicile, et puis après en Grèce, mais pas comme ça, pas comme ça ...»

Tout à coup, Pouce s'est mise en colère. Elle a repoussé son amie, et elle a essayé de se lever. Elle tremblait et sa voix était rauque.

«Dégonflée! Dégonflée! Tu dis ça, mais c'est parce que tu as peur. Tu as peur d'aller en prison, c'est pour ça, dis-le!»

Poussy regardait la jeune fille à genoux dans le sable, ses yeux brillants de larmes, ses cheveux emmêlés par le vent, et le parka trop grand dont les manches couvraient le bout de ses doigts.

«Je dis ça parce que c'est vrai. On ne peut plus continuer, on est au bout du chemin. On va rentrer, on ne peut plus continuer, on va rentrer maintenant.»

Sa voix était calme, et c'est pour cela que la colère de Pouce est

1	l'indifférence *f.*	désintéressement	Gleichgültigkeit
3	le coin	une chambre a 4 coins	Ecke
	le coin de l'œil		Augenwinkel
4	obstiné, e	qui s'attache avec énergie à une idée ou un projet	hartnäckig, eigensinnig
5	bombé, e	*contraire de* droit	gewölbt
6	la chaleur	*substantif qui correspond à l'adjectif* chaud	Wärme, Hitze
11	le désarroi	le désordre, la confusion	Ratlosigkeit, Bestürzung
15	le cil		Wimper
	la joue		Wange
	chasser	attraper ou tuer des animaux qui vivent en liberté	jagen; *hier:* nach hinten wehen
16	se rendre compte de qch	remarquer, comprendre	etw. merken, sich einer Sache bewusst werden; *wörtlich*: sich Rechenschaft geben über
26	trembler		zittern
27	dégonflé, e	*ici:* quelqu'un qui n'a pas de courage	Feigling
31	la manche	partie d'un manteau, d'une chemise etc. qui couvre le bras	Ärmel

retombée tout de suite. Elle s'est rassise dans le sable, et elle a laissé aller sa tête en arrière, contre le mur.

29 A ce moment-là, le garçon est revenu. Il portait un gros pain et un sac d'oranges. Il s'est arrêté devant les jeunes filles, il s'est accroupi et il leur a tendu les provisions. Il souriait gentiment et ses yeux clairs brillaient dans son visage sombre. Poussy a pris le pain et les oranges, et elle l'a remercié. Puis ils ont commencé à manger, sans parler. Les mouettes, attirées par le repas, tournoyaient autour de leurs têtes en criaillant. Quand elle a eu fini de manger son orange, Poussy est allée se laver les mains et la figure dans la mer en prenant un peu d'eau et d'écume dans ses mains. Elle a apporté de l'eau de mer pour Pouce, lui a passé ses paumes fraîches sur le front, sur les yeux.
«On s'en va, maintenant», a dit Poussy. Elle a montré l'autre bout de la plage, la direction du soleil couchant. «On s'en va chez nous, maintenant.» Pouce s'est levée aussi. Elle était si faible qu'elle a dû s'appuyer sur l'épaule de Poussy pour ne pas tomber.
«Dove? Dove?» demandait le jeune garçon. Sa voix était tout à coup pleine d'anxiété. Il marchait à côté des jeunes filles, les yeux fixés sur leur visage, comme un muet qui cherche à lire dans les yeux et sur les lèvres. «Dove? Dove?»
Il a buté sur un bout de bois qui affleurait, il a fait la grimace en sautillant, et ça a fait rire un peu les jeunes filles. Mais lui ne riait pas. Il a dit, et sa voix était rauque parce qu'il était en train de comprendre:
«Andro . . . Andro con voi stessi. Per favore, andro . . . accompagnare voi stessi . . . »
Mais quand elles ont quitté la plage, pour entrer dans la ville, il est resté immobile sur le sable, les bras le long du corps, les yeux fixés sur elles. Avant de tourner dans une ruelle déserte, Poussy s'est retournée pour lui faire un signe, et elle l'a vu, au loin, tout petit sur l'étendue blanche de la plage, immobile comme un bout de bois devant la mer. Elle n'a pas bougé la main, et avec Pouce elle s'est enfoncée dans la ville sombre, au milieu des bruits des familles en train de déjeuner.

1 le sable	il y a des plages de sable et des plages de galets	Sand
5 s'accroupir		sich hinkauern (indem man sich auf die Fersen setzt)
tendre qch à qn	donner qch à qn	jm. etw. (hin)reichen
8 la mouette	un oiseau de mer	Möwe
tournoyer	faire des cercles	kreisen
9 quand elle a eu fini (de manger)	*passé surcomposé (voir plus haut)*	als sie (mit dem Essen) fertig war
12 la paume	l'intérieur de la main	Handteller
18 dove *(ital.)*	où	wohin
19 l'anxiété *f.*	la peur	Angst, innere Unruhe
20 muet, muette	qui ne peut pas parler	stumm
22 il a buté sur un ...	il a heurté un ...	er ist gegen ein ... gestoßen
affleurer	sortir juste de l'eau, de la terre, du sable	zutage treten, ganz knapp herausragen (aus Wasser, Boden, Sand)
23 sautiller	faire des petits sauts	hüpfen
26 «Andro ... stessi ...» *(ital.)*	Je vais vous accompagner.	Ich werde euch begleiten.
29 immobile	sans bouger	bewegungslos
30 une ruelle	une petite rue	Gasse
32 l'étendue *f.*		Ausdehnung, Weite
34 s'enfoncer dans	entrer dans	eindringen in

30 Sur la route, à une station d'essence, elles ont trouvé un camion arrêté où il y avait marqué TIR. Poussy a demandé au routier de les emmener, et, après une hésitation, il a dit oui.

Quelques instants plus tard, le gros semi-remorque TIR roulait vers la France, avec Pouce et Poussy qui dormaient à moitié dans la cabine. Le chauffeur ne s'occupait pas d'elles. Il fumait des cigarettes en écoutant la radio italienne à tue-tête. Quand ils sont arrivés à la frontière, les policiers ont regardé les papiers des jeunes filles avec attention. L'un d'eux leur a dit simplement: «Vous allez venir avec nous.» Dans la salle du poste de police, il y avait un inspecteur en civil, un homme d'une quarantaine d'années, un peu chauve, avec un regard dur. Quand elles sont entrées, accompagnées du policier en uniforme, l'homme a eu un petit rire, et il a dit quelque chose comme: «Voilà donc nos deux amazones.» Il n'a peut-être pas dit «amazones», mais Poussy n'écoutait pas. Elle regardait le profil entêté de Pouce, et elle ne pensait pas à ce qui allait suivre, aux longues attentes dans des corridors poussiéreux et dans des cellules sans jour. Elle pensait seulement au temps où elles allaient repartir, loin, repartir, cette fois, pour ne plus jamais revenir.

2 TIR	(le) Transit International Routier	(LKW mit diesem Schild sind häufig in grenzüberschreitendem Verkehr eingesetzt)
3 le routier	le chauffeur d'un camion	Fernfahrer
une hésitation		Zögern
4 le semi-remorque		Sattelschlepper
7 à tue-tête	chanter à tue-tête	sehr laut, aus voller Kehle
12 chauve	sans cheveux sur la tête	kahl
16 entêté, e	obstiné	eigenwillig, starrköpfig
18 poussiéreux, se	couvert de poussière	verstaubt, staubig

① a) Quelles informations aimeriez-vous avoir pour connaître quelqu'un? Faites une liste et notez ce qu'on apprend sur les deux jeunes filles.

b) Parlez des conditions de travail dans l'atelier de confection où elles travaillent.

② Quelles sont les relations entre Pouce et Poussy d'une part et le patron et le contremaître d'autre part?

③ Regardez encore une fois 1 a) et complétez votre liste.

④ a) A quoi est-ce que Pouce et Poussy s'intéressent après leur travail?

b) Quel rapport voyez-vous entre l'histoire qu'elles racontent et leurs conditions de vie?

⑤ Comment réagissent les autres à leur histoire?

⑥ Qu'est-ce qui se passe un jour?

⑦ Quels sont leurs sentiments?

⑧ «Leur plan était simple . . .» De quel plan s'agit-il?

⑨ Quels sont pour vous les trois éléments les plus importants de ce passage?

⑩ Racontez la suite de la nouvelle en 6 à 8 phrases.

⑪ et ⑫

a) En quoi consiste «la grande vie»?

b) Aimeriez-vous passer vos vacances de la même façon que Pouce et Poussy à Monte-Carlo?

⑬ a) Quel rapport voyez-vous entre ce passage et l'histoire qu'elles aimaient raconter (voir passage 4) ?

b) Dans quelle mesure est-ce que «la grande vie» est une vie agréable pour les deux jeunes filles?

⑭ Qu'est-ce que les scènes de ce passage nous apprennent sur le caractère de Pouce et Poussy à ce moment de leur vie?

⑮ a) «. . . et il a dit avec une drôle de voix méchante: ‹Allez, vous êtes arrivées. Foutez-moi le camp.›» Expliquez le comportement du conducteur.

b) L'auto-stop: le pour et le contre.

⑯ Choisissez au moins deux passages et mettez-les en rapport avec des passages précédents que vous choisirez vous-même (parallèles, différences, éléments nouveaux).

⑰ Quels sont les sentiments de Pouce et Poussy dans cette scène? Qu'est-ce qui fait naître ces sentiments?
Citez les éléments du texte qui sont à la base de vos réponses.

⑱ Faites une liste des délits que Pouce et Poussy ont commis dans les scènes du passage 18 et des passages précédents.

⑲ et ⑳

a) Au moment de passer la frontière, tout le monde devient sérieux. Pourquoi?

b) Quelles sont les expériences que Pouce et Poussy font avec les hommes qu'elles rencontrent dans les scènes dont parlent les passages 19 et 20?

㉑ a) Comparez aux passages 10 et 11 et au premier paragraphe de 16.

b) Imaginez la fin de la nouvelle.

㉒ «. . . elle a ressenti le grand vide, presque un désespoir qui déchirait et trouait l'intérieur de son corps.» Quelles pourraient être les raisons de ce sentiment?

㉓ et ㉔

Compréhension globale: Quel est le fait central dont il s'agit dans ces passages?

㉕ à ㉗

Faites un résumé: Racontez au présent tant que c'est possible. N'utilisez pas le discours direct.
Ecrivez environ 12 à 14 phrases ou bien 100 à 120 mots.

㉘ a) *Interprétation:* Décrivez ce qui se passe et essayez de trouver les motifs pour le comportement de Pouce et Poussy.

b) Continuez *la comparaison* entre les passages 10, 11, 16 et 21 (voir plus haut: sujet d'étude 21 a).

(29) et (30)

a) Après le passage 28, l'auteur aurait pu continuer directement avec le passage 30. Pourquoi a-t-il écrit la scène 29? Quelle est d'après vous la fonction de cette scène pour la nouvelle?
b) Comparez la fin de la nouvelle à vos idées à vous (sujet d'étude 21 b).

Pour une discussion finale

1. Quelles sont les idées qui vous sont passées par la tête pendant et après la lecture de cette nouvelle et dont vous aimeriez parler?
2. Quelle est votre attitude envers Pouce et Poussy: la sympathie, la compréhension, l'indifférence, la réprobation ou l'antipathie? Expliquez pourquoi.
3. Dans quelle mesure cette nouvelle vous semble-t-elle réaliste?